古文观止

【双色插图版】

第二册

〔清〕吴楚材·编
〔清〕吴调侯·编

国学典藏·线装书系

线装书局

唐雎不辱使命① 《战国策》

原文

秦王使人谓安陵君曰：'寡人欲以五百里之地易安陵，安陵君其许寡人！' 安陵君曰：'大王加惠，以大易小，甚善。虽然，受地于先王，愿终守之，弗敢易。'秦王不说。② 安陵君因使唐雎使于秦。

秦王谓唐雎曰：'寡人以五百里之地易安陵，安陵君不听寡人，何也？且秦灭韩亡魏，而君以五十里之地存者，以君为长者，故不错意也。③ 今吾以十倍之地，请广于君，而君逆寡人者，轻寡人与？'⑥ 唐雎对曰：'否，非若是也。⑦ 安陵君受地于先王而守之，虽千里不敢易也，岂直五百里哉？'⑧

秦王怫然怒，谓唐雎曰：'公亦尝闻天子之怒乎？'唐雎对曰：'臣未尝闻也。'⑨ 秦王曰：'天子之怒，伏尸百万，流血千里。'唐雎曰：'大王尝闻布衣之怒乎？'⑩ 秦王曰：'布衣之怒，亦免冠徒跣，以头抢地耳。'唐雎曰：'此庸夫之怒也，非士之怒也。⑪ 夫专诸之刺王僚也，彗星袭月；聂政之刺韩傀也，要离之刺庆忌也，苍鹰击于殿上。⑫ 此三子皆布衣之士也，怀怒未发，休祲降于天，与臣而将四矣。⑬ 若士必怒，伏尸二人，流血五步，天下缟素，今日是也！'挺剑而起。⑭

秦王色挠，长跪而谢之，曰：'先生坐！何至于此！寡人谕矣。夫韩、魏灭亡，而安陵以五十里之地存者，徒以有先生也。'⑮

选自《战国策·魏策》

古文观止 卷四 战国文

注释

① 唐雎（jū）：安陵君的臣子。不辱使命：不使使命受辱。可译为胜利地完成了出使的任务。② 秦王：秦朝的开国皇帝，统一了六国，称秦始皇。使人：派遣人。谓……说：告诉，对……说。安陵，原是魏国的附庸国，在今河南鄢陵西北。战国时魏襄王封他的弟弟为安陵君。寡人：古代君王的谦称，意为寡德之人。易：换。其许寡人：一定要答应我。许，答应。③ 加惠：给予恩惠。加，施加。虽然：虽然如此。受地于先王：受，这里意为继承。于，从。先王，去世的国君，指安陵君的父亲。终守之：终，自始至终。守，守卫。弗（yuè）：不高兴。④ 因使唐雎：因，于是，就。使，派遣。使于秦：出使到秦国。⑤ 且秦灭韩亡魏：再说秦国灭魏韩两国。而君：可是安陵君。以……为长者：凭着……把安陵君看作年高有德的人。故不错意也：错，同『措』，放置，错意，放在心上。⑥ 请广于君：请安陵君扩大领土。逆寡人者：违背我心愿的。逆，抵触，违背，不顺从。者，这里意为『……的心愿』。轻：轻视。与……同『欤』，疑问语气词，意为『吗』。⑦ 否：不是这样。非若是也：不是像这样。是，这样。⑧ 虽千里：即使千里方圆。岂直：难道只是。直，只是。⑨ 怫（fú）：愤怒的样子。公：对人的尊称，这里指唐雎。尝：曾经。天子之怒：天子发怒。⑩ 伏尸：使尸体倒下。伏，使……倒下。趴下。布衣：代指普通老百姓。⑪ 免冠（guān）：徒跣（xiǎn）：摘下帽子，光着脚走路。徒，步行，跣，光着脚。抢（qiāng）：撞，触。庸夫之怒：平庸无能的人发怒。⑫ 夫：句首语气词，表示将发议论。专诸之刺王僚也：专诸刺杀王僚士。古代指有胆有识、文武双全的人。专诸，春秋吴人。王僚，吴王僚。吴公子光（即阖闾，僚的伯父诸樊之子）欲夺僚王位，派专诸把的时候。

梅石溪凫图 宋·马远

这幅是一件花鸟与山水相结合的小品，即所谓『江南小景』的典型样式。画面摄取溪塘一角，红白山桃，斜出崖上；溪水清澈，涟漪晃荡；老小群凫，飞集游泳；春意盎然，一片生机。图中的山石以浓墨大斧劈勾皴点染，坡石则以淡墨勾染，野桃根干虬曲，俯伸的拖枝一直探向水面，似与群凫含笑呼应，显然是被赋予了人的情感色彩。

匕首藏于鱼腹，以献鱼为名，刺杀僚。专诸当场也被王僚左右诛杀。彗星袭月：彗星（俗称扫帚星）的尾光扫过月亮。聂政：战国时代齐人。韩傀：也叫侠累，韩国的国相。白虹贯日：一道白虹直穿太阳。贯，穿，这里意为直冲。要(yāo)离：春秋时代吴国人。庆忌：吴王僚的儿子。吴王阖闾杀王僚后，王僚的儿子庆忌跑到卫国。为除后患，阖闾让要离自断右臂，杀死妻子，去见庆忌，骗取其信任，乘机杀了庆忌。要离也伏剑自杀。苍鹰击于殿上：苍鹰展翅搏击于宫殿上。击，搏击。『彗星』、『白虹』、『苍鹰』的自然现象，都是古人出于天人感应观念的夸张附会的说法。⑬三子：以上三人。子，古代对别人的敬称。怀怒：心里包藏着愤怒。未发：没有发作出来。休祲(jìn)降于天：休，吉庆、美善。祲，古代迷信称不祥之气。妖气。从天上降下来。『休祲』在此为偏义复词，偏在『祲』上。与臣而将四矣：(三子)和我就将要成为四个人了。而，就。⑭缟(gǎo)素：白色的丝织品，用来借代白衣服，即穿白戴孝。今日是也：现在就出现这样的情况。挺剑而起：拔出宝剑站了起来。挺，拔出。⑮色挠(náo)：骄横的脸色变成屈服的脸色。挠，通『桡』，弯曲，

卷四 战国文

一七五

古文觀止 卷四 戰國文

樂毅報燕王書① 《戰國策》

原文

昌國君樂毅，為燕昭王合五國之兵而攻齊，下七十餘城，盡郡縣之以屬燕。②三城未下，而燕昭王死。惠王即位，用齊人反間，疑樂毅，而使騎劫代之將。③樂毅奔趙，趙封以為望諸君。齊田單詐騎劫，卒敗燕軍，復收七十餘城以復齊。④

燕王悔，懼趙用樂毅乘燕之敝以伐燕。⑤燕王乃使人讓樂毅，且謝之曰：「先王舉國而委將軍，將軍為燕破齊，報先王之仇，天下莫不振動。⑥寡人豈敢一日而忘將軍之功哉！會先王棄群臣，寡人新即位，左右誤寡人。⑦寡人之使騎劫代將軍，為將軍久暴露於外，故召將軍，且休計事。⑧將軍過聽，以與寡人有隙，遂捐燕而歸趙。⑨將軍自為計則可矣，而亦何以報先王之所以遇將軍之意乎！」⑩

望諸君乃使人獻書報燕王曰：「臣不佞，不能奉承先王之教，以順左右之心，⑪恐抵斧質之罪，以傷先王之明，而又害於足下之義，故遁逃奔趙。⑫自負以不肖之罪，故不敢為辭說。⑬

『今王使使者數之罪，臣恐侍御者之不察先王之所以畜幸臣之理，而又不白於臣之所以事先王之心，故

敢以书对。⑭

『臣闻贤圣之君不以禄私其亲，功多者授之；不以官随其爱，能当者处之。⑮故察能而授官者，成功之君也。论行而结交者，立名之士也。⑯臣以所学者观之，先王之举错，有高世之心，故假节于魏王，而以身得察于燕。⑰先王过举，擢之乎宾客之中，而立之乎群臣之上，不谋于父兄，而使臣为亚卿。⑱臣自以为奉令承教，可以幸无罪矣，故受命而不辞。⑲

『先王命之曰："我有积怨深怒于齐，不量轻弱，而欲以齐为事。"⑳臣对曰："夫齐，霸国之余教而骤胜之遗事也，闲于甲兵，习于战攻。㉑王若欲伐之，则必举天下而图之。举天下而图之，莫径于结赵矣。㉒且又淮北、宋地，楚、魏之所同愿也，赵若许约，楚赵宋尽力，四国攻之，齐可大破也。"㉓先王曰："善。"㉔臣乃口受令，具符节，南使臣于赵。顾反命，起兵随而攻齐，以天之道，先王之灵，河北之地，随先王举而有之于济上。济上之军奉令击齐，大胜之。轻卒锐兵，长驱至国。齐王逃遁走莒，仅以身免。㉕珠玉、财宝、车甲珍器，尽收入燕。大吕陈于元英，故鼎反乎历室，齐器设于宁台。蓟邱之植，植于汶篁。㉖自五伯以来，功未有及先王者也。先王以为顺于其志，以臣为不顿命，故裂地而封之，使之得比乎小国诸侯。臣不佞，自以为奉命令承教，可以幸无罪矣，故受命而弗辞。㉗

『臣闻贤明之君，功立而不废，故著于《春秋》；㉘蚤知之士，名成而不毁，故称于后世。若先王之报怨雪耻，夷万乘之强国，收八百岁之蓄积，及至弃群臣之日，遗令诏后嗣之余义，执政任事之臣，所以能循法令，顺庶孽者，施及萌隶，皆可以教于后世。㉙

『臣闻善作者不必善成，善始者不必善终。㉚昔者伍子胥说听乎阖闾，故吴王远迹至于郢；夫差弗是也，赐之鸱夷而浮之江。㉛故吴王夫差不悟先论之可以立功，故沉㉜

子胥而弗悔；子胥不蚤见主之不同量，故入江而不改。㉝『夫免身全功，以明先王之迹者，臣之上计也。㉞离毁辱之非，堕先王之名者，臣之所大恐也。㉟临不测之罪，以幸为利者，义之所不敢出也。㊱』『臣闻古之君子，交绝不出恶声；忠臣之去也，不洁其名。㊲臣虽不佞，数奉教于君子矣。㊳恐侍御者之亲左右之说，而不察疏远之行也。㊴故敢以书报，唯君之留意焉。㊵』

选自《战国策·燕策》

注释

①乐毅：战国时，中山国人，是魏国名将乐羊的后代。报：回答。燕王：燕惠王，燕昭王的儿子。②昌国君：乐毅的封号。为（wèi）燕昭王合五国之兵：替燕昭王会合韩、赵、魏、楚、燕五国的军队。而攻齐：去攻打齐国。下：攻下。尽郡县之：尽，全部；郡县，改为郡县；之，代词，指已攻克的七十余座城。以属燕：而归属于燕国的版图。以，并且。③三城未下：指齐国的莒（jǔ）、聊、即墨三座城市还没有攻下。而燕昭王死：而，可是。用齐人反间（jiàn）：离间燕王和乐毅的关系。用，因。惠王做太子时，就与乐毅有嫌隙，立为国君后，齐国田单放出谣言，说乐毅想背叛燕国自立为王，惠王便信以为真。而使：就，顺接连词。就，命令。骑劫：燕国的将领。代之将（jiāng）：代替他领兵。将，带，领兵。④奔（bēn）赵：逃亡到赵国。奔，逃亡。封：授予封号。以为（wèi）望诸君：把他称为望诸君。望诸君，封号。望诸，地名，在今河南商丘、虞城二县之间。田单：齐国的大将。他派人诈骗燕将骑劫，使燕军放松警惕，不久用『火牛阵』大破燕军，骑劫被杀。诈：欺骗。卒：终于。复收：又

收回。以复齐：而恢复了齐国原有的版图。以，连词，表承接，译为"而"。复，恢复。⑤悔(nuǐ)：懊悔，悔恨。乘燕之敝以伐燕：趁着燕国衰败的时候来攻打燕国。敝，疲惫、衰败。指齐国的田单大败燕军这件事。⑥让：责备。且谢之：并且向他（指乐毅）道歉。先王：指已经去世的燕昭王。举国而委将军：把全国委托给将军。举，全，前省略介词"以"，把。为(wèi)燕破齐：替燕国攻破齐国。报先王之仇：燕王哙(kuài)时，想效法尧舜让贤，将君位让给名叫子之的丞相，结果引起全国大乱，齐国乘机打败燕国。燕王哙死，其子昭王继位，他要报齐国打败燕国之仇。乐毅尊燕昭王之命，为燕王集五国之兵打败齐国，报了先王之仇。天下莫不振动：天下人没有哪一个不震惊。振，通"震"，震惊；莫，无定代词，没有哪一个。⑦"寡人"句：我怎么敢一天就忘了将军的功劳！会：正好，恰巧。弃群臣：古代指君王去世，这是一种委婉的说法。误：贻误。⑧"寡人之使……"之，主谓之间的结构助词，不译。为(wèi)将军：为，因为。暴(pù)露于外：暴露，露天而处，这里指领兵转战沙场。于，在。故：所以。且休计事：暂且休息休息，议一议国事。且，暂且。⑨过听：错误地听，这里指误会（我的话）。以：以为，认为。隙：本义是墙交界处的裂缝。比喻感情的裂痕，引申为怨仇。遂捐燕而归赵：于是就抛弃燕国，归附赵国。遂，于是。捐，弃。归，归附。⑩自为计：即替自己打算。则可矣：是可以的呀。则，乃，是。而亦何以报先王之所以遇将军之意乎：然而拿什么来报答先王赏识将军您的心意呢？而，然而。亦，加强语气，不译。何以，以何，用什么，拿什么。所以，用来……的。遇，知遇，指被赏识而受到优厚的待遇。之意乎，"……的心意呢"？⑪望诸君：乐毅自称。不佞(nìng)：无才无智，多用作谦词。奉承：尊奉，接受。教：教诲。以顺：来顺从。左右：字面上指惠王左右的大臣，实指惠王本

古文觀止 卷四 戰國文

⑫『抵……之罪』：抵，用角頂，觸，引申為觸犯。斧質(zhì)：刑具。斧，刀斧。質，也寫作鑕，殺人時作墊用的砧板。這裡指殺身之罪。以傷先王之明：以致傷害了先王的知人善任的聖明。而：並且。足下：您，對對方的敬稱。義：道義。遁逃：都指逃離某個地方，但『遁』比『逃』更隱蔽，多指悄悄地溜走。⑬自負以不肖之罪：自己把不賢的罪名承擔起來。不敢：謙詞。為(wèi)：辭說，即替自己申辯。侍御者：原指侍候國君的人，實指惠王。不願直說，則用『侍御者』代稱。不察：無法看清楚。先王之所以：先王用來……的。畜(xù)：培養，任用。幸臣：受到寵愛的臣子，即樂毅自己。之理：……的道理。而又：並且又。不白於臣：不明白我。於，介詞，表對象。譯為『對』。事：事奉，為……服務。心：指忠誠的心。敢以書對：冒昧地用這封信來回答。敢，謙詞，有冒昧之意。以，用。對，回答。⑭數(shǔ)之罪：數，數落，責備。之，代樂毅自己。⑮賢聖：指有德有才、智慧超群的人。能當者：能力相稱的人。當，相當，相稱。處(chǔ)之：把官職安排給他。處，安排。⑯察能：考察能力。而授官者：而後授予他人官職的人。而，順接連詞，譯為『而後，然後』。者，……的人。也，表判斷語氣。成功之君：成就功業的君主。成，成就，動詞。功，功業。論行：按照品行。而結交：而後結交朋友。立名之士：是樹立名望的士人。⑰以所學者觀之：憑我學到的知識經驗，來看（各位國君）。以，憑，憑借。舉：舉動，措施。錯，通『措』。有高世之心：表現出比各國諸侯高超的信念。有，表現出來。假節於魏王：憑借從魏王那裡得到的符節（來到燕國）。假，憑借。節，符節，使臣用來做憑證的東西。而以身得察於燕：而憑借自己的言行，能被燕王考察後予以錄用。而，語意順接，不譯。以，憑借。得，得以，能

⑱过举：超越（一般地）举荐。擢（zhuó）之乎宾客之中：从宾客中（破格）提拔我。擢，意为提拔。立之乎群臣之上：而且使我居在君臣之上。立之，使之立。不谋于父兄：没有同宗族大臣商议。而使臣为亚卿：而，就。卿，古代官级，官名，爵位名，地位在『公』之下，大夫之上。亚卿，指地位仅次于最高官位的上卿。⑲奉令承教：尊奉命令，接受教导。⑳命之曰：命令群臣说。可以幸无罪矣：（就）能够幸运地没有罪过了。受命而不辞：接受命令，而不加推辞。而，就。不量（liáng）轻弱：不衡量国力的轻微薄弱。量，衡量。而欲以齐为事：就想把讨伐齐国报仇作为兵戎大事。不量，不衡量。怒于齐：对齐国有几代的怨恨，深怀愤怒。指燕王哙时齐乘燕内乱而入侵的事。而，就。事，这里指兵戎大事。㉑臣对曰：我回答说。臣，乐毅自称。霸国之余教：继续保持着国家称霸时期留下的教化。霸国，齐桓公是春秋时第一个霸主，齐湣王与秦昭王同时称帝。余，这里意为遗留保存下来的。教，教育，教化。而骤胜之遗事也：并且保有称霸时留下的多次取胜的经验。而，而且，并且。骤，屡次，多次。遗事，遗留下的事例（经验）。闲于甲兵：熟悉战争。闲，熟悉，后来写为『娴』。兵甲，这里指战争。㉒举天下而图之：发动诸侯各国，来谋取它。举，发动，发起。图，图谋，谋取。莫径于结赵矣：没有比联合赵国更直捷的途径了。莫，没有哪一个。径，直往，径直，直捷。于，比。结，联合。㉓且又：况且，再说。『……楚、魏之所同愿也』：『……是楚魏共同希望（得到）的地方』。淮北：淮河以北地区，地近楚国。宋地：原先是宋国地盘，即今河南商丘、江苏徐州一带地区，临近卫国。淮北、宋地属齐。楚欲得淮北，魏欲得宋地。赵若许约：许，答应，允许，约订约。尽力：全部用出自己的力量。㉔口受令：接受先王亲口传下的命令。受，同『授』。具符节：具，

准备，备办。南使臣于赵：向南出使，我到了赵国。南，向南，往南；于，介词，到。顾反命：回来复命。顾，回还，反，同"返"，返回。"顾"、"反"同义复词，意为"回来"。命，这里指复命。起兵随而攻齐：发兵随即就攻打齐国。以天之道（dào）：依靠上天的引导。以，介词，依靠，凭借。天之道，指上天的引导。先王之灵：先王的威灵。河北之地：地，指"地利"。随先王举：举动，这里指进军。而有之于济上：攻到济上，并且占有了它。而，并且；有，占有；之，代济上；于，介词，到。济上，齐国边境上的一个地方，在济水之西。㉕济上之军：占领济上的军队。轻卒锐兵：轻装精锐的军队。卒兵，军队。长驱至国：一路长驱直接攻入齐国都城临淄。长驱，长距离，毫无阻拦地进攻。至国，一直攻入到齐国都城临淄。国，指齐国都城临淄。齐王：指齐湣王。走莒（jǔ）：一直逃到莒（今山东莒县一带）。莒当时还没有被燕攻下。走，逃跑。仅以身免：仅仅自己免于死亡。以，表修饰系连词，不译。㉖车甲：指车马铠甲。陈：陈列。元英：燕国的宫名。大吕：齐国的钟名。故鼎：燕国原有的鼎，被齐国掠去，现在又回到燕国。反乎：反，同"返"，回；乎，于，到。历室：燕国的宫名。设于宁台：陈设在宁台。宁台，燕国台名，在今河北蓟县西。蓟（jì）丘：也称蓟门，燕国都城，位在今北京德胜门外土城关。前一"植"：植物，指树木。后一"植"：动词，栽种。汶：汶水，今山东大汶河。篁（huáng）：竹田。㉗"自五伯"数句：自从"五伯"以来，在建功立业方面，没有比得上先王的。五伯，五霸，即齐桓公、晋文公、宋襄公、秦穆公、楚庄王。者，称代"……的"。也，加强否定判断的语气词。以为顺于其志：认为（伐齐）成功，顺应了自己的心志。以臣为不顿命：认为我没有使讨伐齐国的命令停滞下来。顿，使……停顿。裂地而封之：划出一部分土地授予我。裂，裁剪。引申为割、分。封

之，封，帝王授予臣子土地。之，代乐毅。使之得比乎小国诸侯：使我能和小国诸侯相并列。得，能够、可以的意思。比乎，比，并列，挨着。乎，相当于"于"，和、跟。受命：接受封命。而弗辞，不推辞。㉘功立而不废：功业建立而又不废弃。著于《春秋》：记载进史册。著，写文章、写书，这里指记载。《春秋》，记载春秋时鲁国历史的编年体著作。后泛指史书。蚤知：先知。蚤，通"早"。名成而不毁：有了名声而又不被毁坏。称于后世：被后人称颂。于，被。两个"而"字表并列关系，可译为"又"。㉙若先王：像先王。若，像……（那样）。先王，指燕昭王。夷：意为铲平。收：收取。八百岁：齐国建于西周初年（约前1066）至齐湣王败于燕昭王，历经约八百年。蓄积：指贮藏积聚的珍宝。遗令诏：遗留下命令和教诲。诏，告诫，教诲。㉚执政任事：主持国家大弃群臣之日：舍去群臣之日，即死了的那一天。遗嗣，对后代子孙。馀，动词，长久。义，意义。义：对后代子孙有深远意义。后嗣，对后代子孙。小事务。"所以"句：可译为"是执政任事之臣遵循法令的凭借（依据）"。顺庶孽者：庶子，即妾所生的儿子。孽，家庭的旁支。使……顺从。施……给予恩惠。姓，萌，通"氓（méng）"。皆：都。可以：可以用来。作，劳动，这里指耕作。善成：即好收成。㉛善作者：指善于耕作的人。善，善于，擅长；听，使……接受。乎：相当于介词"于"，表示对象。㉜伍子胥：春秋时楚国人。说（shuì）听：说，劝说。于，到达。弗：不是这样。是，代词，指夫差不接受子胥的劝告。赐之鸱夷，把子胥的尸体装入皮制的口袋里。赐，对帝王下达旨意的敬称，给予；之，代指尸体；鸱夷，皮制的口袋。而：接着就。浮之江：使其漂浮在长江之上。㉝故：原来。悟：理解，明白。先论：预见，指子胥生前关于吴国不灭掉越国，越国就会灭掉吴国的论断。借指有先见的伍子胥。可以立功，能用他来建功立业。可以，两个字分开来解释，意为『可以用来』。故：所以，因此。沉子胥：把子胥沉到江中。而弗悔：也不懊悔。蚤：通『早』。蚤见：及早看出。主：指国君夫差。不同量(liàng)：同一个量，量器。喻不能容纳自己，共同处事。入江：被投入长江。而不改：也不改变对夫差的态度。两个『而』，顺接连词，都译为『也』。

㉞免身全功：免去自身遭遇死亡的灾祸，保全自己为燕国讨伐齐国的功劳。以明：而来证明。以，连词，表目的，译为『而』或『来』。迹：业绩，功绩。者：称代『……的计策』。上计：高明绝妙的计策。

㉟离：同『罹(lí)』，遭受。毁辱：诽谤侮辱(性的)。非：非难，责怪。堕(huī)：毁坏，败坏。

者：称代『……的事』。所大恐：非常恐惧的事。㊱『临不测之罪』三句：面对着来自燕国的各种意外罪名，想借燕之敝以伐燕侥幸地取得私利的事，这是一个遵守道义的人不敢做出的。临，面对。不测，意外，没有推测到的。罪，包括两方面，一方面乐毅未弃燕之前燕惠王对乐毅之猜忌，所加的罪名。另一方面弃燕归赵之后，给乐毅之信中，所加的罪名。以：介词，表目的，译为『而』或『来』。

(wēi)：动词，取得者，称代『……的事』。㊲交绝不出恶声：交情断绝时不说恶毒的话。去：离开(故国朝廷)。洁：这里指(为自己的名声而)辩白。㊳数(shuò)：屡次。奉教：恭恭敬敬地接受教诲。于君子：到君子那里。㊴亲：引申义为『亲近』，这里可译为『明白』或『理解』。疏远，指被疏远的人。行，品行。行也：而。因此就。察，这里指偏听偏信。左右之说：身边人的话。而不察疏远之行也：而。因此就。以书报：用信来回答。唯：句首语气词，表示希望祈请之意。君：指燕惠王。留意：留心、注意。焉：于之。留心于这封信。

李斯谏逐客书①

作者简介

李斯,我国古代著名政治家。楚国上蔡(今属河南)人。曾与韩非子一起师事荀卿,到秦国游说,秦王嬴政拜为长史、客卿。统一天下后,始皇拜为丞相,当时销兵器、焚诗书、统一文字等措施,多出于李斯。秦二世时,被赵高陷害,腰斩咸阳,夷灭三族。

原文

秦宗室大臣皆言秦王曰:『诸侯人来事秦者,大抵为其主游间于秦耳。请一切逐客。』李斯议亦在逐中。②

斯乃上书曰:『臣闻吏议逐客,窃以为过矣。③

『昔穆公求士,西取由余于戎,东得百里奚于宛,迎蹇叔于宋,来丕豹、公孙支于晋。此五子者,不产于秦,而穆公用之,并国二十,遂霸西戎。⑤孝公用商鞅之法,移风易俗,民以殷盛,国以富强,百姓乐用,诸侯亲服,获楚魏之师,举地千里,至今治强。⑥惠王用张仪之计,拔三川之地,西并巴蜀,北收上郡,南取汉中,包九夷,制鄢、郢,东据成皋之险,割膏腴之壤,遂散六国之从,使之西面事秦,功施到今。⑦昭王得范雎,废穰侯,逐华阳,强公室,杜私门,蚕食诸侯,使秦成帝业。⑧此四君者,皆以客之功。由此观之,客何负于秦哉!⑨向使四君却客而不内,疏士而不用,是使国无富利之实,而秦无强大之名也。

『今陛下致昆山之玉,有随和之宝,垂明月之珠,服太阿之剑,乘纤离之马,建翠凤之旗,树灵鼍之

卷四 战国文

一八五

鼓。⑪此数宝者，秦不生一焉，而陛下说之，何也？⑫必秦国之所生然后可，则是夜光之璧不饰朝廷；犀象之器不为玩好；郑卫之女不充后宫；而骏马駃騠不实外厩；江南金锡不为用；西蜀丹青不为采。所以饰后宫、充下陈、娱心意、说耳目者，必出于秦然后可，则是宛珠之簪、傅玑之珥、阿缟之衣、锦绣之饰，不进于前。⑭而随俗雅化，佳冶窈窕，赵女不立于侧也。⑮夫击瓮叩缶，弹筝搏髀，而歌呼呜呜，快耳目者，真秦之声也。⑯郑、卫、桑间，《韶》《虞》《武》《象》者，异国之乐也。⑰今弃击瓮而就郑、卫，退弹筝而取《韶》《虞》，若是者何也？快意当前，适观而已矣。⑱今取人则不然，不问可否，不论曲直，非秦者去，为客者逐。⑲然则是所重者在乎色乐珠玉，而所轻者在乎人民也。⑳此非所以跨海内、制诸侯之术也。㉑

'臣闻地广者粟多，国大者人众，兵强则士勇。是以泰山不让土壤，故能成其大；河海不择细流，故能就其深；王者不却众庶，故能明其德。㉒是以地无四方，民无异国，四时充美，鬼神降福，此五帝三王之所以无敌也。㉓今乃弃黔首以资敌国，却宾客以业诸侯，使天下之士退而不敢西向，裹足不入秦。㉔此所谓「藉寇兵而赍盗粮」者也。㉕

'夫物不产于秦，可宝者多；士不产于秦，而愿忠者众。㉖今逐客以资敌国，损民以益雠，内自虚而外树怨于诸侯，求国之无危，不可得也。'㉗

秦王乃除逐客之令，复李斯官。㉘

选自《史记·李斯列传》

| 注释 |

①谏：规劝君主、尊长或朋友，使之改正错误和过失。逐客：驱逐客卿（其他诸侯国的人士到秦国做官

古文觀止 卷四 戰國文

的稱謂）。从秦穆公求士以后，三代国君都任用客卿，他们对秦的富强，起了不小的作用，而秦的宗室大官的地位、利益、受到了影响。于是他们就借郑人郑国以修水利为名从事间谍活动的事，议定驱逐一切客卿。李斯在被逐的路上上书，规劝秦王改正驱逐客卿的错误做法。秦王阅过之后，收回原来的命令，随即派人赶到骊邑迎回李斯，恢复了他的官职，采用他的谋略，并且在后来拜他为相。②来事秦者：来为秦服务的。事，事奉。为（wèi）其主：给他们的君主。为，给、替。游间（jiàn）于秦，事奉。大抵、大都、大多。请求您把客卿一律驱逐出去。请，请求您做……，一律，一概，一律。议亦在逐中：议定也在被逐之列。耳：到秦国来游说，做间谍罢了。请一切逐客：错误的。矣：语气词，加强否定语气。族那里得到了由余。由余，春秋时人，先在西戎任职，秦使用反间计得到了他。其人佐秦穆公并戎国十二，开地千里，使秦称霸。于，介词，从；戎，当时对西方少数民族的总称。百里奚：楚人，本为虞国大夫，虞国灭亡后被晋国俘虏，作为秦穆公夫人陪嫁的奴仆进入秦国。后逃至楚国的宛地（现河南南阳），被楚国俘获。穆公知道他有才能，用五张羊皮将他（从宛地）赎回，并封为大夫。蹇（jiǎn）叔，原为岐（今陕西岐山县东北）人，旅居宋国。在百里奚的推荐下，秦穆公使人用厚币到宋国把蹇叔迎请了回来。来：同『徕』，接纳。丕豹：晋国大官丕郑的儿子，父亲被杀，出奔秦国，被任为大将，攻打晋国夺取河西八邑。公孙支：原为晋国人，后来到秦国，做了秦穆公谋臣，任为上大夫。⑤五子者：五位客卿。子，古代对男子的尊称。不产于秦：产，生。而：可是。并国：并吞了西戎各个部落。遂：于是。霸：称霸。西戎：泛指当时函谷关以西的陕西、陇右、陇中地区。

⑥孝公：即秦孝公。商鞅：本为卫国人，入秦后，劝秦孝公变法，有战功，

封为商君。后称商鞅,也称卫鞅。民以殷盛:民众因此富裕兴旺。乐用:高兴地为国家所用。亲服:亲近敬服。获楚魏之师:获,俘获魏公子卬(áng),魏被迫割河西之地来求和。举:攻取。治强:安定,强盛。

⑦惠王:指秦惠王,也称秦惠文王,秦孝公的儿子。张仪:魏国人,秦惠王十年相秦,主张连横,设计拆散齐楚联盟,瓦解六国合纵,使秦得以各个击破。拔:攻取,攻破。三川之地:指黄河、洛水、伊水相连地区。秦置三川郡,治所在荥阳。西并巴蜀:向西吞并巴蜀两国。巴,周朝国名,在今四川东部和重庆一带;蜀,周朝国名,在今四川成都一带。上郡:原魏郡名,今陕西北部一带,后属秦。汉中:原楚郡名,在今陕西西汉中一带。包:兼并。九夷:泛指散居在当时楚国境内的若干少数民族。九,非实数。夷,本指少数民族。制:控制。鄢(yān):在今湖北宜城。郢(yǐng):当时楚国的都城,在今湖北江陵一带。据:占据。⑧昭王:即秦昭王。成皋:古地名,又名虎牢,历来为军事要地,在今河南荥阳汜水镇。割膏腴之壤:割取肥沃的土地。遂:于是。『散……从』:『粉碎瓦解……合纵』。从:通『纵』,合纵。使之西面事秦……之:代六国。西面向西,即向秦投降。事,事奉,为……服务。功施到今:功业一直延续到现在。施,延续。

王稽。范雎(jū):魏国人,秦昭王任用他为相。他提出远交近攻的策略,帮助秦国统一天下。穰侯:即魏冉,秦昭王的舅父,曾为相国。华阳:名芈(mǐ)戎,称华阳君,也是秦昭王母亲宣太后的弟弟,在朝专权。后昭王用范雎之计免除穰侯的职务,把华阳君赶出国境。强:增强,加强。公室:王室,朝廷(的权力)。杜:杜绝,堵塞。私门:指豪门贵族。蚕食:比喻逐步侵占诸侯各国。蚕像蚕(吃桑时那样)。成:成就了(帝王的功业)。⑨四君者:上述四位君主。以客之功:以,凭借,功,功劳。何负于秦哉:有什么对不住秦国的呢?⑩向使:如果,假如。却客:拒绝客卿。内:同『纳』,接

纳。疏士：疏远士人。不用：不任用。是使：这样就使得。富利之实：富有财利的实力。而：因而。名：名声。⑪致昆山之玉：得到昆仑山的美玉。昆山，即昆仑山。昆仑山北麓的和阗(tián)以产美玉著名，世称和阗玉，即昆山之玉。随和：随，指随侯的珠。传说随侯救了大蛇，其后大蛇衔来径寸之珠报恩。和，指楚人卞和的璧玉。垂明月：垂，垂挂。明月，当时的宝珠名。服太阿之剑：服，佩戴。太阿，宝剑名，楚国干将所铸。纤离：骏马名。建翠凤之旗：树起用翠凤鸟的羽毛装饰的旗帜。树灵鼍(tuó)之鼓：竖立用神灵的鳄鱼皮蒙起的鼍鼓。鼍，鼍龙，俗称『猪婆龙』，鳄鱼的一种，皮厚，可以用来蒙鼓。⑫此数(shù)宝者：这几种宝物。数，几，几个。表示不确定的数目。生：出产。一焉：一种。焉，语气词。而陛下说(yuè)之：可是陛下却喜欢它。而，可是，说，喜欢，高兴。何也：这是因为什么呢？⑬秦国之所生：秦国产出的。所生，出产的。然后可：这样……才可以使用。则：那么，上句省略了与之照应的『若』。是：这种。夜光之璧：夜间发光的玉。光，发光。饰：装饰。犀象之器：犀牛角和象牙做成的各种器物。不为玩好：不能作为把玩观赏的东西。郑卫之女：古人认为郑、卫两国的女子貌美，且能歌善舞。这里泛指各国的美女。郑，指郑国，在今河南新郑一带。卫，指卫国，在今河南北部和河北南部一带。充：充实。后宫：古代君主时期妃嫔所住的宫室。而：而且。駃騠(juétí)：宝马名。外厩(jiù)：指宫外的马棚。为(wèi)用：为供人使用。丹青：指丹砂和青雘(dian)，是古代用来提炼红色和青色的两种主要颜料。这里指绘画用的各种颜色。不为采(wěi)采：不能拿来着色。为，使……附着在……上面。采，彩色。后来写为『彩』。⑭『所以……者』：『用来……的……』。饰后宫：装饰后宫的珠宝。充下陈：下陈，本指古代殿堂下，陈放礼品、站列婢(bì)女的地方。这里指充满殿堂下的姬妾。娱心意：使心情愉快的设置。说(yuè)耳目：

古文觀止

卷四 戰國文

一八九

古文觀止 卷四 戰國文

使耳朵听到动听的音乐，使眼睛看到美好的颜色。则是…那么这些。是，这，这些。宛珠之簪（zān）：镶嵌着宛地出产的珍珠的簪子。宛珠，动词；簪，古代一种用以绾住头发的首饰，也用它把帽子别在头发上。傅玑之珥（ěr）：装饰着小珍珠的耳饰。傅，通『附』，附着；玑，不圆的小珠；珥，妇女的耳饰。阿缟（gǎo）之衣：东阿丝绸做的衣服。阿，齐国东阿县（今属山东）；缟，白色的丝织品。锦绣之饰：衣服领、袖边沿上的锦绣的装饰。锦绣，精美鲜艳的丝织品。不进于前：无法进献到君王面前。⑮而随俗雅化：而且随着时尚风俗的变化变得高尚雅。化，加在形容词之后构成动词，表示转变成某种性质或状态。佳冶（yě）：美好而艳丽多姿。窈窕（yǎotiǎo）：形容文静又漂亮。赵女：古人认为燕赵女子多貌美。这里泛指美女。立于侧：站到君王的身旁。⑯瓮（wèng）、缶（fǒu）：都是指盛水、酒的陶器。大肚子，当时秦把它作为打击乐器。筝：秦国的一种弦乐器。搏：拍打。髀（bì）：大腿。而：并且。歌呼：歌唱呼号（jiāo）。呜呜：象声叠词，一种声音。快耳目：使人高兴痛快。耳目，借指人。者：与前边四个短语，构成名词性短语，称代『……声音』。真秦之声：真正的秦国的音乐。⑰郑、卫：这里指郑、卫两国的民间音乐。桑间：卫国的地名，在今河南濮阳。这里指桑间的音乐。《韶》《虞》：虞舜时的乐曲。《武》《象》：周武王时的乐曲称『武』，乐舞称『象』，《武》《象》是表演作战的乐舞曲。者，称代『……的音乐』。代：异国，别的国家。⑱而就：却演奏起……。就，本义为接近，这里引申为操起，演奏。而取：却采用。若是者：像这样做的原因。者，称代『……的原因』。何也：是什么呢？快意当前：在眼前使自己心情感到舒爽畅快。适观：适宜于观赏。而已…罢了。矣：语气词，表感叹。可译为『啊』。⑲今取人：取，选取采用。则…却。然…这样。不问可否：问，考察。可，可以；否，不可以。

曲直：偏邪和正直。论：评论。非秦者去，不是秦国生的就让他离开。去，使……离开。为(wéi)：客者逐：为，做。客者，客卿。逐，这里指驱逐出秦国。⑳然则：这样（做），那么。所重者：重视的。在乎：在于。色：指美女。乐：音乐。珠玉：珍珠宝玉。㉑所以：用来……的。跨(kuà)海内：跨，兼有。海内，古人认为我国疆土面临海，因此称全国、国内为『海内』、『四海』。制诸侯：制服诸侯。术：方法。㉒粟(sù)：泛指粮食。是以：因此，所以。让：辞让，舍弃。成：形成。择：挑选。择选：就……完成、达到、形成。不却众庶：却，推辞、拒绝。庶，平民百姓。明其德：证明、显示自己的恩德。㉓地无四方：土地没有东西南北之分。民无异国：百姓没有国内外之别。四时充美：四季充实美满。五帝：古代传说中的上古五位帝王。一般指黄帝、颛顼(zhuānxū)、帝喾、唐尧、虞舜。三王：指夏禹、商汤、周文王。所以……的原因。㉔黔(qián)首：秦朝时对人民的称呼。以资：来资助（供给）。却宾客：拒绝外籍人士。业诸侯：使诸侯成就其事业。退：向后走，退却，引申为归，返回。西向：面向秦。因秦在西方，故称『西向』。裹足不入秦：（有所顾虑）停步，不进入秦国。㉕此所谓：这就叫做。藉(jì)寇兵：藉，借。后省略介词『于』。寇，盗匪。兵，兵器。赍(jī)盗粮：赍，送物给人，其后省略介词『于』。盗，盗贼。者……的（谬误行为）。㉖宝者：宝贵的东西。忠者：所效忠的人。㉗益雠(chóu)：使仇人得到利益。益，使……获益。雠，仇人、仇敌。两个『以』字，都是表示承接的连词。译为『而』。内自虚：在国内，自身虚弱。而外树怨于诸侯：在国外，又跟诸侯结下仇怨。而，表并列关系。㉘除逐客之令：撤销了驱逐客卿的命令。除，清除，去掉。这里译为『撤销』。可译为『又』。树，本义为种植，引申为建立。这里可译为『结下』。不可得也：是不可能的。

古文观止 卷四 战国文

卜居① 屈原

作者简介

屈原，战国时楚人。辅佐楚怀王，官至左徒、三闾大夫。主张修明法度，举贤授能，改革政治，在外交上主张联齐抗秦，因得怀王的信任。后遭逸去职，被怀王疏远。顷襄王时，被放逐江南。他看到楚国政治日益腐败，郢都被秦兵攻破，自己既无力挽救楚之危亡，又无法实现自己的理想，遂投汨罗江而死。他创作了《离骚》、《九章》、《九歌》、《天问》等杰出诗篇，都收集在《楚辞》②之中，他是我国伟大的爱国主义诗人。《卜居》究竟为谁所作目前还争论未决。有人说是屈原，有人说是楚人思念屈原而作。

原文

屈原既放，三年不得复见。竭智尽忠，而蔽障于谗；心烦虑乱，不知所从。③乃往见太卜郑詹尹，曰：『余有所疑，愿因先生决之。』④詹尹乃端策拂龟，曰：『君将何以教之？』⑤

屈原曰：『吾宁悃悃款款，朴以忠乎？将送往劳来，斯无穷乎？⑥宁诛锄草茅，以力耕乎？将游大人以成名乎？⑦宁正言不讳以危身乎？将从俗富贵以媮生乎？⑧宁超然高举以保真乎？将哫訾栗斯，喔咿嚅唲，以事妇人乎？⑩宁廉洁正直以自清乎？将突梯滑稽，如脂如韦，以絜楹乎？⑪宁昂昂若千里之驹乎？将泛泛若水中之凫乎？与波上下，偷以全吾躯乎？⑫宁与骐骥亢轭乎？将随驽马之迹乎？⑬宁与黄鹄比翼乎？将与鸡鹜争食乎？⑭此孰吉孰凶？何去何从？⑮世溷浊而不清：蝉翼为重，千钧为轻；黄钟毁弃，瓦釜雷鸣；逸人高张，贤士无名。⑯吁嗟默默兮，谁知吾之廉贞！』⑰

詹尹乃释策而谢曰：『夫尺有所短，寸有所长。⑱物有所不足，智有所不明。⑲数有所不逮，神有所不通。⑳用君之心，行君之意。㉑龟策诚不能知此事。』㉒

选自《楚辞》

注释

① 卜（bǔ）居：卜，占卜。古人根据龟甲壳的裂纹来预测凶吉叫『卜』；根据蓍（shī）草的排列预测凶吉叫『筮（shì）』。占、卜、筮，现在俗称『算卦』。被烧后的裂纹来预测凶吉为『筮』。让算卦先生算一算居住在哪里为好。这里借指如何处世、如何做人或者说如何对待现实的严肃居，居住。

② 《楚辞》是我国文学史上第二部诗歌总集。它渊源于中国江淮流域楚地的歌谣。到了战国中期，屈问题。原、宋玉等人的一系列作品出现于楚国文坛之后，楚辞才形成一代文学样式。现存的《楚辞》集里主要是屈原和宋玉的作品。其主要特征是『书楚语，作楚声，记楚地，名楚物』，其艺术手段，浓郁的抒情风格，无不带有鲜明的楚文化色彩。《卜居》《宋玉答楚王问》不是骚体诗，也不同于后代的赋，而是两篇优美的散文。

③ 既放：已经放逐。既，已经。不得复见：不能再见到（楚怀王）。竭智尽忠：用尽了智慧，效尽了忠心。而蔽障于谗：可是被谗言遮蔽阻隔。而，可是。于，被。心烦虑乱：形容心中烦闷，思绪纷乱。所从：指对现实所采取的态度。从，采取某种方针或态度。

④ 乃：于是，就。太卜：古代替国家掌管卜卦的官员。郑詹尹：太卜的姓名。所疑：疑惑的问题。因先生：依靠先生的占卜。因，依靠，凭借。决之：断决它。

⑤ 端策拂龟：把蓍草摆端正，轻轻拂去龟壳上的灰尘。策，蓍（shī）草，用其茎占卜。拂，拂拭，轻轻擦过。何以：用什么。教（jiāo）之：指教我。这是客气话，事实上是说，你准备占卜什么事呢？⑥ 宁（nìng）

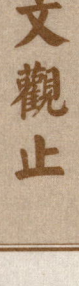

古文觀止 卷四 戰國文

……将（jiāng）……宁，表选择，宁可，表示比较两方面的利害得失后选取的一面。将，表选择，或、抑、还是。以下七个选择复句中的『宁』、『将』义同。悃（kǔn）悃……真心诚意。款款……诚恳，恳切。朴（pú）……质朴，淳朴。以……连词，表并列关系。可译为『又』。忠……尽心竭力（地做事）。送往劳来……即送往迎来。劳，慰，这里意为欢迎，指社会上的人事应酬。斯无穷……这样无穷尽地。斯，这样。⑦诛锄草茅……开垦荒地。诛，本义为责问，杀死，引申为铲除。草，锄同义。茅，白茅，泛指杂草。以力耕……并且尽力耕种。以，并且。力，尽力。游大人……游说诸侯达官贵人。以……连词，表目的，来。成名……取得官职，成就声誉。⑧正言不讳……意为有话就直说，毫不隐讳。以危身……以致使自身受到危害。从俗……顺从旧风俗习惯。富贵……这里意为贪图富贵。以媮生……以，表承接关系的连词，可译为『而』。媮，同『偷』。媮生，即苟且地活着。⑨超然高举……超出社会，离开现实。超然，不站在对立方的任何一方面，高举，高飞，这里为退隐之意。以保真……来保全自己的本性。真，本性，本质。⑩哫訾（zúzǐ）……强颜欢笑，献媚的样子。以事妇人……来侍奉楚怀王的宠姬郑袖。事，事奉。妇人，这里指楚怀王的宠姬郑袖。她和朝中重臣上官大夫等人联合排挤逸毁屈原。全句可译为……还是强语伪笑求媚献谄来事奉楚怀王的宠妃呢？⑪廉洁正……廉洁正直。以身清……使自己清白。身清，使自己清白。突梯滑（gǔ）稽……委婉从顺，圆滑随俗。突梯，圆滑的样子。滑稽，古代一种用来盛酒的器具，能不断地往外流酒。喻能言善辩，语言流畅。如脂如韦……如油脂般光滑，如熟皮子般柔软。比喻趋炎附势，处世圆滑。脂，指油脂。韦，指熟皮子。以絜（xié）楹（yíng）乎……来揣度权贵者所喜好的吗？絜，用绳度量圆形物体的粗细。引申为揣度。楹，厅堂前部的柱子。借喻权贵者。⑫昂昂……

精神振奋，很有气魄。千里之驹：指能日行千里的良马。泛泛：平平常常，普普通通。凫（fú）：水鸟，俗称野鸭。与波上下：随着波浪起伏。比喻没有主见，只是随社会潮流浮浮沉沉。偷：马虎，得过且过。以全吾躯……来保全我的身躯。全，保全。⑬骐骥（qí jì）：良马，骏马。骐，一种有青黑色纹理的马。亢（kāng）轭（è）：并驾齐驱。亢，通『伉』，匹敌，相当；轭，驾车时套在牲口脖子上的曲木，这里指套着轭拉车。驽（nú）马：劣马，走不快的马。迹：脚印。⑭黄鹄（hú）：鹄，天鹅，善于飞翔。比翼：并翅飞翔。鹜（wù）：鸭。泛指平凡的鸟。⑮此：代以上八个选择复句中的十六个问题。孰：哪个。吉：吉祥，吉利。凶：不吉祥。何去何从：在处世的问题上采取的什么态度，决定做不做，或怎么做。去，离开，避开，即『不做』。从，采取某种方针或态度，即『做』。⑯溷（hùn）浊：同义复词，浑浊。是非不分，黑白不辨。而：并列连词，不译。为（wéi）重：为，成为。当做重的东西。千钧：古代以三十斤为一钧。重与轻，都为名词。瓦釜（fǔ）：指用陶土制成的锅。这两句是说，黄钟本该被用来奏乐，却被毁弃了；瓦釜本来不是乐器，却发出雷鸣般巨大的声响。黄钟比喻下文的贤士，瓦釜比喻下文的谗人。高张：指地位高权势大。最洪亮。瓦釜（fǔ）：指用陶土制成的锅。⑰吁（xū）嗟（jiē或juē）：叹词，相当于『唉』。兮（xī）：语助词，相当『啊』或『呀』。唉！沉默啊！沉默啊！谁知吾之廉贞（zhēn）：谁知道我正直坚定呢？廉，正直，廉直；贞，坚定，有操守。⑱释策：放下手中的蓍草。释，放下。而谢：就致歉。而，就。夫：发语词，放在句首，表示将发议论。尺有所短，寸有所长：由于应用的地方不同，一尺也有显着短的时候，也有显着长的时候，比喻人或万物各有各的长处和短处。⑲物有所不足，智有所不明：世间万物都有不完善

古文观止

卷四 战国文

一九五

宋玉对楚王问①

宋玉

作者简介

宋玉，楚国人。出身寒微，据传他是屈原的学生。因朋友推荐，仕于顷襄王，官位不高，很不得志。他是屈原以后的著名的辞赋家。著有《九辩》、《风赋》等。均收在《楚辞》集中。

原文

楚襄王问于宋玉曰：'先生其有遗行与？何士民众庶不誉之甚也？'②

宋玉对曰：'唯，然。有之。愿大王宽其罪，使得毕其辞。'③

'客有歌于郢中者，其始曰《下里》、《巴人》，国中属而和者数千人；④其为《阳阿》、《薤露》，国中属而和者数百人；⑤其为《阳春》、《白雪》，国中属而和者不过数十人；⑥引商刻羽，杂以流徵，国中属而和者不过数人而已。⑦是其曲弥高，其和弥寡。⑧

'故鸟有凤而鱼有鲲。⑨凤凰上击九千里，绝云霓，负苍天，足乱浮云，翱翔乎杳冥之上，⑩夫藩篱之

（我的）龟壳、蓍草，确实预测不出这些事情。诚，确实。的确。

路。㉒龟策诚不能知此事：

通，通晓，精通。㉑用君之心，行君之意：用您的心多想想这些问题，按您的意图，好好走自己的人生道

问题，神仙也有不能通晓的地方。数，技艺、方术，这里指占卜的方术；达到：神，神仙，神灵；

的地方，人的智慧也有不清楚明白的时候。⑳数（shù）有所不逮（dài），神有所不通：占卜有占卜不出的

鹖，岂能与之料天地之高哉！⑪鲲鱼朝发昆仑之墟，暴于碣石，暮宿于孟诸，夫尺泽之鲵，岂能与之量江海之大哉！⑫

"故非独鸟有凤而鱼有鲲也，士亦有之。⑬夫圣人瑰意琦行，超然独处，世俗之民，又安知臣之所为哉？"⑭

选自《楚辞》

注释

①对……回答。楚王，楚襄王，即楚顷襄王。②问于宋玉：于，表示对象的介词。译为"对""向"。其有遗行与：其，大概。遗行，遗弃（抛弃）的行为。指有失检点的行为与作风。与，同"欤"，相当于"吗"。何……为什么。士民：古代四民（士民、商民、农民、工民）之一，泛指士大夫阶层和普通的读书人。众庶：众多百姓平民。这里的"士民众庶"，指襄王统治集团中的奸佞之徒，非广大民众士人。不誉之甚也：非常不称赞你。誉，赞美，称赞。之，代指你。甚，很，非常。③唯（wěi）……应答声，"是"。然：指示代词，（是）这样。有之……之，代词，指"遗行"。愿……希望，这里指"请"之意。宽……这样宽大，不苟求。罪……过失，缺点。使得……使（我）能够。得，能够。毕其辞：把我的话说完。以上两个"其"字，都译为"我的"。④客……外来的人。有歌于郢（yíng）中者：有一位在国都郢中唱歌的。郢，楚国国都，在今湖北江陵北。其始曰：他开始唱。曰，这里指"唱"。《下里》、《巴人》：战国时代楚国的民间歌曲，泛指通俗普及的歌曲。下里，即乡里。巴人指巴蜀的人民，表明作歌曲的人或地方。国……指楚国国都郢。属（zhǔ）而和（hè）者……跟着共同唱的。属，连接，引申为"跟着"。和，跟着唱。⑤其为

古文觀止 卷四 戰國文

山徑春行圖 宋·馬遠

图中画高士携一抱琴童子行山径中，山径的石头用大笔按石的面侧刷扫，左上角露出重叠的山峰，笔简意繁，树干画法如石，一鸟飞于空，一鸟立于枝，柳枝在空中翩翩起舞，形容大自然美好的景观。

(wéi)…他（又）唱。《阳阿》、《薤(xiè)露》…当地比较通俗的歌曲。《阳阿》，又叫『扬荷』；《薤露》，古代挽歌名。⑥《阳春》、《白雪》…古代楚国高雅的曲名。⑦引商…延长凄凉的声音。引，延长。刻羽…降低凄凉的声音。刻，减损，这里有『降低』之意。杂以流徵(zhǐ)…用流畅凄厉的声音交错穿插其中。我国古代音乐有宫、商、角、徵、羽五个音调，商音凄凉，羽音慷慨，徵音凄厉。杂，交错。这里意为穿插。流，流畅。总之『引商』三句，指讲究声韵节奏、演唱技巧更高而复杂的高雅乐曲。⑧是…这（就是说）。其曲…客歌者唱的乐曲。弥高…（艺术技巧）越高。弥，越，更加。其和(hè)…跟着他唱和的人。寡…少。⑨鸟…鸟类中。凤…凤凰，古代传说中的鸟王。鱼…鱼类中。鲲(kūn)…古代传说中的一种大鱼。⑩上击九千里…拍击翅膀，腾空而上，飞到九千里外的高空。上，向上。击，拍击。绝云霓…（三）…穿越云层。绝，穿过，穿越。霓，副虹。雨后天空中与虹同时出现的彩色圆弧。云霓，泛指云彩。负苍天…背负苍天。乱…拨乱。浮云…即飘浮的云彩。乎…相当于介词『于』，在。杳冥(yǎomíng)之上…高远深广的天空。⑪夫…那。藩篱(fānlí)之鷃

(yàn)：藩篱，篱笆。鷃，雀，古书上说的一种小鸟。岂：副词，表示反向，译为『难道怎么』。料：计算。⑫昆仑之墟：昆仑山脚下。墟，指山脚下。暴于碣石：暴，曝(pù)晒。于碣石，到碣石山。碣石，古代山名，在今河北昌黎境内，本在渤海之中，暮宿于孟诸：晚上睡在孟诸。孟诸，古代大泽谷，旧址在河南商丘东北。尺泽：一尺来宽的小水坑。鲵(ní)：小鲵，泛指小鱼。量(liáng)：用量器计算容积。⑬非独：不仅，不但。而：并列连词，不译。士亦有之：士人中也有凤和鲲。之，指代凤和鲲，喻士人之中出类拔萃的。⑭圣人：古代称具有最高智慧和道德的人为圣人。瑰意琦(qí)行：指具有高洁美好的情操和行为。瑰、琦，美好珍奇。超然：超出社会人群。独处：本义为一个人单独生活，这里意为独来独往，走自己的路，让俗人说去。安知：怎么知道。安，怎么。臣之所为(wéi)：臣的行为。

卷五 汉文一

五帝本纪赞 《史记》

作者简介

司马迁（约前145或前135~?），西汉史学家、文学家和思想家。字子长，夏阳（今陕西韩城）人。司马谈之子。早年曾南浮沅湘，北涉汶泗，又奉使至巴蜀以南邛、筰、昆明等地，考察民情，采集传说。初任郎中，元封三年（前108）继父职，得以阅读史官所藏图书。太初元年（前104）与唐都、落下闳共订太初历，改革历法，后因为投降匈奴的李陵辩护，被汉武帝打入狱中，处以宫刑。出狱后任中书令。发愤著书，完成《史记》一百三十卷，人称其书为《太史公书》，后称《史记》。

《史记》是我国第一部以写人物为中心的纪传体通史，并由此开创了我国纪传体史书的先河。《史记》全书共十二本纪，十表，八书，三十世家，七十列传，总一百三十篇，五十二万余字。记事起自黄帝，止于汉武，首尾共约三千年，保存了古代至汉武时止的较为系统的珍贵资料。体大精深，作为一部历史巨著影响深远，作为文学作品，在中国文学史上有占据了极为重要的地位，鲁迅赞之为『史家之绝唱，无韵之《离骚》』。所作《报任安书》，对下狱经过和著书志愿，叙述颇详。

古文观止 卷五 汉文一

原文

太史公曰：①学者多称五帝，尚矣。②然《尚书》独载尧以来，③而百家言黄帝，其文不雅驯，④荐绅先生难言之。⑤孔子所传《宰予问五帝德》及《帝系姓》，⑥儒者或不传。余尝西至空峒，⑦北过涿鹿，⑧东渐于海，⑨南浮江淮矣，至长老皆各往往称黄帝、尧、舜之处，风教固殊焉。总之，不离古文者近是。予观《春秋》、《国语》，其发明《五帝德》、《帝系姓》章矣，⑪顾弟弗深考，⑫其所表见皆不虚。⑬《书》缺有间矣，其轶乃时时见于他说。⑭非好学深思，心知其意，固难为浅见寡闻道也。⑮余并论次，择其言尤雅者，故著为本纪书首。⑯

选自《史记》卷一

注释

①太史公：指司马迁本人。太史，古代史官名。②尚：通「上」，指年代久远。③《尚书》：儒家经典，成书于战国，我国现存最早的上古典章文献的汇编，记载了从尧到春秋时期历朝言论文告及史事，以记言为主。又称《书》、《书经》。④雅驯：规范典雅，正确合理。驯，通「训」；雅，正确。⑤『荐绅』句：因此士大夫们也很难说清楚。荐绅先生：指士大夫阶层。荐绅，又作『搢绅』、『缙绅』。⑥《宰予问五帝德》、《帝系姓》：古书中的篇名。《五帝德》，《大戴礼·帝系》，指《大戴礼记》和《孔子家语》的篇目，以孔子弟子宰予和孔子问答的形式概述五帝事略。《帝系姓》，讲述传说时代主要部族的谱系。⑦空峒（tóng）：古代山名，又作『崆峒』，在今甘肃。传说黄帝曾经到过那里。⑧涿鹿：古代山名，在今河北境内。传说黄帝与蚩尤曾经在这里展开过激战。⑨渐：到达。⑩『总之』句：总的说来，与古文经籍相

古文觀止 卷五 漢文一

符的比較接近實際。古文：這裡指古文經籍。漢代把用隸書抄錄的經籍稱為今文經，把用春秋戰國文字（篆書）抄錄的經籍稱為古文經。⑪這句是說，我讀《春秋》、《國語》，認為它們對《五帝德》和《帝系姓》的闡釋都很清楚明了。予：我，指司馬遷本人。《春秋》：春秋時期魯國的編年史，相傳是孔子修訂的。《國語》：西周末到春秋時期的國別史，記載了周王朝及魯、齊、晉、鄭、楚、吳、越各國的史實，其中晉語最為詳細。章：彰明，顯明。⑫這句是說，只是沒有深入地考察。顧：但是，只是。弟：通「第」，只是。弗：不，沒有。⑬這句是說，它們的記載都不是虛妄的說法。不虛：不假。⑭這二句是說，《尚書》殘缺、脫漏時間已經很長了，但散失的記載往往可以在其他書中見到。《書》：指《尚書》。缺：缺失。佚失。有間(jiān)：指年代久遠。軼(yì)：通「佚」、「逸」，散失。⑮固：本來。道：說。⑯這三句是說，我把這些評議依順序敘述，選擇那些文字特別雅正的，寫成本紀，並列為本紀的卷首。並：一並。論次：依順序敘述。雅：正確，可靠。本紀：紀傳體史書中的帝王傳紀。

項羽本紀贊① 《史記》

原文

太史公曰：吾聞之周生曰，②「舜目蓋重瞳子」，③又聞項羽亦重瞳子。羽豈其苗裔邪？④何興之暴也！⑤夫秦失其政，⑥陳涉首難，⑦豪傑蜂起，⑧相與並爭，不可勝數。然羽非有尺寸，⑨乘勢起隴畝之中，⑩三年，遂將五諸侯滅秦，⑪分裂天下而封王侯，政由羽出，號為「霸王」。位雖不終，⑫近古以來，未嘗有也。及羽

二〇二

背关怀楚，⑬放逐义帝而自立，⑭怨王侯叛己，难矣。自矜功伐，⑮奋其私智而不师古，⑯谓霸王之业，⑰欲以力征经营天下，⑱五年，卒亡其国，身死东城，⑲尚不觉寤，⑳而不自责，过矣。㉑乃引"天亡我，非用兵之罪也"，岂不谬哉！

选自《史记》卷七

注释

①赞：传记结尾总结性的短文。②周生：西汉一位周姓儒生。盖：大概。重瞳子：指一个眼珠中有两个瞳仁。③这句话意为舜的眼睛大概有两个瞳仁。舜：传说中上古时代的一位帝王。④苗裔：后代。⑤何：为什么。兴：崛起。暴：突然，迅速。⑥失其政：政事失修。⑦陈涉首难：陈胜率先起义反抗秦国。陈涉，即陈胜，秦末农民起义领袖之一。⑧蜂起：像蜂群一样飞起。⑨非有尺寸：这是说项羽像尺寸那么小的土地都没有。⑩陇亩：田野，这里指民间。⑪将：率领。五诸侯：指战国时期的齐、赵、韩、魏、燕五个诸侯国。⑫位虽不终：王位虽然没有保持到底。⑬背关：放弃关内形胜之地，即战国时期的秦地。怀楚：怀念楚国旧地。⑭义帝：指楚怀王孙，公元前208年项梁立他为楚国国君，称为怀王，后改称义帝。公元前205年，项羽把义帝从彭城（今江苏徐州）放逐到郴县（今属湖南），途中把他杀害。自立：自立为王。⑮自矜：自夸。伐：功劳，战功。⑯奋其私智：只凭个人的一点聪明。师古：师法古代，即效法古代。⑰谓：认为。⑱力征：指用武力征伐。⑲身死东城：东城，在今安徽定远东南，项羽最后在那一带兵败身亡。⑳寤（wù）：通"悟"，醒悟，觉悟。㉑过矣：这就错了。

古文觀止 卷五 漢文一

秦楚之際月表① 《史記》

原文

太史公讀秦楚之際曰：初作難，發於陳涉；②虐戾滅秦自項氏；③撥亂誅暴，平定海內，卒踐帝祚，④成於漢家。⑤五年之間，號令三嬗，⑥自生民以來，⑦未始有受命若斯之亟也。⑧

昔虞、夏之興，⑨積善累功數十年，德洽百姓，⑩攝行政事，⑪考之于天，然後在位。⑫湯、武之王，乃由契、后稷，⑬修仁行義十餘世，不期而會孟津八百諸侯，猶以為未可。⑭其後乃放弒。⑮秦起襄公，章於文、繆、獻、孝之後，稍以蠶食六國，百有餘載，至始皇乃能并冠帶之倫。⑯以德若彼，用力如此，蓋一統若斯之難也！⑱

秦既稱帝，患兵革不休，以有諸侯也，⑲於是無尺土之封，⑳墮壞名城，㉑銷鋒鏑，㉒鉏豪桀，㉓維萬世之安。㉔然王跡之興，起於閭巷，㉕合從討伐，軼於三代。㉖鄉秦之禁，適足以資賢者為驅除難耳。㉘故憤發其所為天下雄，㉙安在無土不王？㉚此乃傳之所謂大聖乎！豈非天哉？豈非天哉？非大聖孰能當此受命而帝者乎！

選自《史記》卷十六

注釋

①秦：指秦二世。楚：指項羽。月表：以表格形式按月記事的一種體裁。②初：最初，一開始。作難：造反，這裡指起義反抗暴秦。發：發動。陳涉：指陳勝，秦末農民起義領袖之一。③虐戾（lì）：殘暴，殘

酷。项氏：指项羽。④卒践帝祚：最终登上帝位。卒，终于，最终；践，踏，登；帝祚，指帝位。⑤这句话是说获得成功的是汉高祖刘邦。成：成功。汉家：指汉高祖刘邦。⑥『五年』二句：五年之间，发号施令的人更换了三次。五年之间：从公元前208年陈涉起义称王到前202年年初刘邦称帝，历时五年多。三嬗(shàn)：三次变更。⑦生民：指人类。⑧『未始』句：自从有人类以来，还从来没有过接受天命像这样急速的。受命：这里指顺天承命的始兴之王。若斯：像这样。亟：急促，快。⑨虞：指虞舜。夏：指夏禹。兴：指兴起，创业。⑩德洽百姓：意为恩德广施，百姓全都获益。洽，润泽。⑪摄行政事：代理主持政事。摄，代理。⑫『考之』二句：经过了天意的考察验证，然后才登上帝位。考：验证。⑬汤：指商汤王。武：指周武王。二人分别是商朝和周朝的开国国君。契(xiè)：即帝喾(kù)，据传为商族始祖。后稷：据传为周族始祖。⑭『不期』二句：(即使周武王)还认为天命不许可。不期：指没有预先约定。⑮『放』时，(武王)弑：放，指汤放逐夏桀；弑，指武王诛杀纣王。古代称臣子杀君主，儿子杀父母为弑。⑯『秦起』四句：秦国自襄公时兴起，在文公、穆公时已名声显赫，献公、孝公以后，开始逐渐吞食六国。章：指壮大，强盛，名声显赫。襄、文、缪、献、孝：分别指秦襄公、秦文公、秦穆公、秦献公、秦孝公。秦国的历代国君。稍：逐渐，渐渐。蚕食：比喻逐渐并吞。六国：指战国时期与秦并存的齐、楚、燕、韩、赵、魏六国。⑰至始皇乃能并冠带之伦：到秦始皇的时候才兼并了六国。并，兼并；冠带的人，这里指六国诸侯之伦，之辈。⑱若斯：像这样。斯，这，这样。⑲『以有』句：是因为诸侯还在朝。⑳无尺土之封：不分封诸

古文觀止

卷五 漢文一

二○五

高祖功臣侯年表①

《史记》

原文

太史公曰：古者人臣，功有五品，②以德立宗庙、定社稷曰勋，③以言曰劳，用力曰功，④明其等曰伐，积日曰阅。⑤封爵之誓曰：⑥"使河如带，泰山若厉，国以永宁，爰及苗裔。"⑦始未尝不欲固其根本，而枝叶稍陵夷衰微也。⑧

余读高祖侯功臣，察其首封，所以失之者，⑨曰：异哉所闻！《书》曰："协和万国。"迁于夏、商，

侯。㉑堕坏：堕，通"隳（huī）"，毁坏。㉒销锋镝：销毁兵器和箭头。锋，锋刃，这里泛指兵器；镝，指箭头。㉓鉏豪杰：鉏，通"锄"，铲除；豪杰，这里指六国诸侯的后代。㉔维：考虑，计度。㉕"然王迹"二句：然而汉代的帝业勃然而起，却起于民间。王迹：帝业。闾巷：指民间。㉖合从讨伐：合从，即"合纵"，本指战国后期燕、齐、韩、赵、魏、楚六国联合抗秦的战略，这里代指秦末六国联合反秦。南北为纵，六国从南至北联合，故称"合纵"。㉗轶于三代：超过夏、商、周三代。㉘"乡秦"二句：过去秦朝关于废除封国、毁坏名城、销毁兵器等禁令，恰好能够帮助贤人扫除灭秦的困难而已。乡：通"向"，从前，过去。禁：禁令。适：正好，恰好。资：帮助。难：困难。㉙"故愤发"句：所以发愤有为就能称雄天下。㉚"安在"句：怎么能说没有封地就不能称王呢？安在：怎能说。无土不王：没有疆土就不能称王。这是当时流传的古语。

或数千岁。⑩盖周封八百，幽、厉之后，见于《春秋》。⑪《尚书》有唐、虞之侯伯，历三代千有馀载，自全以蕃卫天子，岂非笃于仁义、奉上法哉？⑫汉兴，功臣受封者百有馀人，天下初定，故大城名都散亡，户口可得而数者十二三，⑬是以大侯不过万家，小者五六百户。后数世，民咸归乡里，⑭萧、曹、绛、灌之属或至四万，⑮小侯自倍，富厚如之。⑯子孙骄溢，忘其先，淫嬖。⑰至太初，⑱百年之间，见侯五，⑲馀皆坐法陨命亡国，⑳耗矣。㉑罔亦少密焉，㉒然皆身无兢兢于当世之禁云。㉓居今之世，志古之道，所以自镜也，㉔未必尽同。帝王者各殊礼而异务，要以成功为统纪，岂可绲乎？㉕观所以得尊宠及所以废辱，亦当世得失之林也，何必旧闻？㉖于是谨其终始，㉗表见其文，㉘颇有所不尽本末，著其明，疑者阙之。㉙后有君子，欲推而列之，得以览焉。㉚

选自《史记》卷十八

注释

①高祖：汉高祖刘邦。功臣侯：功臣而得封为侯的人。年表：用表格形式记述人物历史的一种体裁。本文篇题《史记》作《高祖功臣侯者年表》。②五品：五等。③"以德"二句：用德行辅助君主建立政权、安定国家的叫"勋"。宗庙：古代祭祀祖先的庙宇，是家族的象征。立宗庙，定社稷，这里指建立国家。社稷，本指土神和谷神，这里代指国家。④"以言"二句：因建言献计立功的叫"劳"，用武力征战立功的叫"功"。⑤"明其"二句：建立制度来辨明功劳等级的叫"伐"，累计资历来计算功劳的叫"阅"。言：言论。力：战功。伐：通"阀"，指功绩和经历。积日：积以时日。⑥封爵之誓：封爵时君主的告诫之词。⑦"使河"四句：即使黄河变得像衣带那样细，泰山削磨

古文观止　卷五　汉文一　二〇七

得像磨刀石那样平，也要使封国永远安宁，让朝廷的恩泽延及后世子孙。使：即使。河：黄河。带：衣带，极言其狭。厉：同"砺"，磨石。爰(yuán)：乃。苗裔：指子孙后代。⑧"始未尝"二句：（当初封国的时候）何尝没有想到使功臣的基业稳固呢，但他们的后代却逐渐衰落了。枝叶：指后代。稍：逐渐，渐渐。陵夷：意为衰落。⑨察：考察。首封：最初封侯的情况。⑩"《书》曰"四句：《尚书·尧典》说："从前众多的诸侯国和睦相处。"时间延续到夏朝、商朝，有的已几千年。《书》：《尚书》。协和万国：见于《尚书·尧典》。协和，使……和谐相处。万国，指尧以前所封之君。迁于夏、商，延续到夏、商，或……有的。⑪"盖周封"三句：周朝封了八百诸侯，幽王、厉王之后的诸侯，事迹可以见于《春秋》。盖：发语词，有"原来"之意。周封八百：传说西周分封诸侯八百之多。幽：指周幽王。厉：指周厉王。《春秋》：春秋时期鲁国官修的编年体史书，孔子曾加以修订。⑫《尚书》四句：《尚书》记载唐尧、虞舜时的侯伯，经历了夏、商、周三个朝代，有一千多年，还能保全自己的地位并作为屏障护卫天子，难道不就是因为他们坚守仁义，遵守天子的法令吗？唐：指唐尧。虞：指虞舜。侯伯：古代五等爵位中的第二、三等，这里指诸侯。三代：即夏、商、周三个朝代。蕃卫：即保卫。蕃，通"藩"，屏障。笃：忠实。奉：遵奉。上法：指朝廷的法令。⑬十二三：十分之二三。⑭咸：全，都。⑮户益息：户籍人口繁衍增多。益，更，更加；息，繁育，增多。⑯萧、曹、绛、灌之属：分别指萧何、曹参、绛侯周勃、灌婴。这四人都是汉初著名功臣，封为侯。之属，之流。⑰自倍：原来的几倍。自，原来。⑱富厚如之：财富的增加也是这样。⑲"子孙"三句：他们的子孙骄奢淫逸，忘记了他们的祖先，生活荒淫放荡，骄溢：指骄奢过度。溢，过分。先：指先创业的艰辛。淫嬖(bì)：淫乱邪恶。嬖，宠爱。⑳太初：西汉武帝的年号（前104~前101）。㉑见(xiàn)：指祖先

孔子世家赞① 《史记》

原文

太史公曰：《诗》有之：②『高山仰止，景行行止。』④虽不能至，然心乡往之。⑤余读孔氏书，⑥想见

侯。现存的侯。㉒坐法殒命：坐法，因犯法而被判罪。坐，因为；殒命，送命。㉓耗（hào）：尽，无，荡然无存。㉔周亦少密焉：朝廷的法网也稍稍严密了些。罔，通『网』。密，严密。少，稍稍，稍微。㉕『然皆』句：然而这都是他们自身没有谨慎地遵守当世的法律啊。兢（jīng）兢：形容小心谨慎。禁：指法律。㉖志：记住。㉗自镜：作为自己的借鉴。镜，鉴，借鉴。㉘『帝王』三句：历代帝王的礼法和施政指法律。㉖志：记住。㉗自镜：作为自己的借鉴。镜，鉴，借鉴。㉘『帝王』三句：历代帝王的礼法和施政都各有不同。重要的是以获得成功为根本，怎么能强求一致呢？殊礼：礼制不同。异务：做的事也不同。统纪：归宿，目的。绲（gǔn）：捆束，整齐划一，比喻混在一起。㉙『观所以』三句：察看列侯得到尊宠以及后来被废弃受辱的原因，也是当今应归纳成功与失败的得失教训，为什么一定要看过去的情况寻求古代的传闻呢？林：汇集，丛集。旧闻：指过去的传闻。㉚谨其终始：认真地考察他们的始末。㉛表见其文：以图表昭示文字记载的材料。表，表格。㉜『颇有所』三句：（但其中）还很有些来历经过不详细的地方，材料清楚的就记载下来，还有疑问的地方就缺而不载。本末：指来历经过。著：著述。明：清楚。疑者：有疑问的地方。阙：使之空缺。阙，通『缺』。㉝『后有』三句：以后有君子想推求他们的事迹，可以阅读这个表。推：推求。列：罗列。览：阅读。

古文觀止 卷五 漢一

其为人。⑦适鲁，观仲尼庙堂、车服、礼器，诸生以时习礼其家，⑧余低回留之，不能去云。⑨天下君王至于贤人众矣，当时则荣，没则已焉。⑩孔子布衣，⑪传十余世，学者宗之。⑫自天子王侯，中国言六艺者折中于夫子，可谓至圣矣！⑬

选自《史记》卷四十七

注释

①世家：《史记》中用以记载侯王家世的一种传记。②《诗》：《诗经》。③高山仰止：意为高山令人仰望。高山，喻指道德崇高。止，语气词，表示肯定。见于《诗经·小雅·车辖》，下句『景行行止』亦出于此。④景行（háng）行止：意思是宽广的大道吸引人前来行走。景行，宽广的大道，比喻行为正大光明。⑤心乡往之：心驰神往。乡，通『向』。⑥孔氏书：指孔子的著作《论语》。⑦适鲁：到鲁国去。适，到，往。鲁，在今山东曲阜一带。⑧『观仲尼』二句：参观孔子的庙堂、车服：天子所赠的车和礼服。礼器：祭祀的器具。在孔子家庙演习礼仪。仲尼，指孔子，仲尼是他的字。车服：天子所赠的车和礼服。礼器：祭祀的器具。以时：按时。⑨『余低回』二句：使我徘徊流连，不愿离去。低回：徘徊。云：语气词，表示一种含蓄的感情。⑩『当时』二句：在世时荣耀显贵，一旦死去就消失殆尽。已：完，尽。⑪布衣：代指平民。⑫宗之：把他当作崇拜的榜样。宗，用作动词。⑬『中国』二句：中国讲说六艺的人，都以孔子的言论作为判断是非的标准，孔夫子可算是达到最高境界的圣人了。六艺：指《诗》、《书》、《礼》、《易》、《乐》、《春秋》，也称六经。折中：裁决，判断，取正。折，判断；中，不偏，在过与不及之间，中正之道。夫子：即孔子。至圣：最高尚的人。

外戚世家序[1]

《史记》

原文

自古受命帝王及继体守文之君,[2] 非独内德茂也,盖亦有外戚之助焉。夏之兴也以涂山,[3] 而桀之放也以妹喜;[4] 殷之兴也以有娀,纣之杀也嬖妲己;[5] 周之兴也以姜原及大任,而幽王之禽也淫于褒姒。[6] 故《易》基《乾》、《坤》,《诗》始《关雎》,《书》美厘降,[7]《春秋》讥不亲迎。[8] 夫妇之际,人道之大伦也。[9] 礼之用,唯婚姻为兢兢。[10] 夫乐调,而四时和。[11] 阴阳之变,万物之统也,可不慎与?[12] 人能弘道,无如命何。[13] 甚哉妃匹之爱,君不能得之于臣,父不能得之于子,况卑下乎![14] 既欢合矣,[15] 或不能成子姓;[16] 能成子姓矣,或不能要其终,[18] 岂非命也哉?孔子罕称命,[19] 盖难言之也。非通幽明之变,恶能识乎性命哉?[20]

选自《史记》卷四十九

注释

① 外戚:后妃娘家的亲戚。
② 继体:继承帝位。守文:指遵守先朝的法律。文,法律。
③ "非独"二句:不仅仅是他们内在的品德美好,大都还有外戚的帮助。非:不是。独:仅仅。内德:指本人的品德。
④ 兴:兴起。以:因为。涂山:传说夏禹娶涂山氏之女,生启。涂山,传说地域有多处,一说在今安徽境内,一说在今重庆一带。
⑤ 桀:夏桀,夏朝最后一位君主,我国历史上著名的暴君。放:流放。相传商汤灭夏,把桀放逐到南巢(今安徽巢县西南)。妹喜:夏桀的宠妃,桀由于对她言听计从而导致国家灭亡。
⑥ "殷之兴"二句:商朝的兴起是因为娶了有娀氏女,纣王被杀死是因为他宠幸妲己。殷:即商朝。有娀

古文观止 卷五 汉文一

二一一

古文觀止 卷五 漢文一

(sōng)……古代部族，生活在今山西西部一带。相传有娀氏女子简狄吞鸟卵而生契，契是殷商男性始祖。纣(zhòu)……商代最后一位君主，我国历史上有名的暴君。嬖(bì)……宠爱，宠幸。妲(dá)己……纣的宠妃。

⑦"周之兴"二句……周朝的兴起是因为有姜原和大任，周幽王被擒是因为他和褒姒的荒淫昏乱。姜原……周族女性始祖，生后稷。大任……即太任，周族季历之妻，周文王的母亲，以贤惠著称。幽王……周幽王，西周最后一位天子。禽……通"擒"，被擒。褒姒(sì)……周幽王宠妃，周幽王为博她一笑，上演了历史上著名的"烽火戏诸侯"。后来犬戎杀死周幽王，俘虏褒姒。⑧"故《易》"四句……因此《易经》把乾、坤二卦作基础，《诗经》把《关雎》列为首篇，《书经》赞美尧嫁女儿，《春秋》讥讽纪侯不亲自迎亲。《易》……《周易》。《乾》、《坤》……《周易》开头两卦，分别代表阳与阴、天与地、男与女等。《诗》……《诗经》。《关雎》(jū)……《诗经》的首篇。《书》……《尚书》。厘(xī)降……指《尚书·尧典》记载的尧两个女儿下嫁虞舜的故事。《春秋》……春秋时经孔子编定的鲁国编年体史书。讥……讽刺，讥讽。不亲迎……《春秋》记载鲁隐公二年纪侯娶鲁女没有亲自迎娶的事。⑨"夫妇"二句……夫妻之间的关系，是人类道德中最大的伦常之际……之间的关系。大伦……最重要的伦常。⑩"礼之用"二句……礼仪的使用，婚姻方面最为慎重。用：应用。兢兢……小心谨慎。⑪乐调……指音乐和谐。⑫"阴阳"三句……阴阳变化，是万物生长的源头，这难道能够不慎重吗？阴阳之变……指阴阳的各种变化。统……纲领。与……同"欤"，语气词。⑬无如命何……对于天命却无可奈何。⑭妃匹……女性配偶，夫妇。⑮卑下……指下民。⑯既欢合……已经结婚成了夫妻。既，通"徽"，已经。⑰或不能成子姓……有的，子姓，生育子女，繁衍后代。⑱要其终……得到善终，白头偕老。要，通"徼"，求取。⑲孔子罕称命……孔子很少谈论命运。见于《论语·子罕》："子罕言利与命、与仁。"罕，少。⑳"非通

古文观止 卷五 汉文一

伯夷列传① 《史记》

原文

夫学者载籍极博，②犹考信于六艺。③《诗》、《书》虽缺，然虞、夏之文可知也。④尧将逊位，让于虞舜。舜、禹之间，岳牧咸荐，⑥乃试之于位，典职数十年，⑦功用既兴，然后授政，示天下重器。⑧王者大统，传天下若斯之难也。而说者曰，⑨尧让天下于许由，许由不受，耻之逃隐。⑩及夏之时，有卞随、务光者。⑪此何以称焉？⑫太史公曰：余登箕山，⑬其上盖有许由冢云。⑭孔子序列古之仁圣贤人，如吴太伯、伯夷之伦详矣。⑮余以所闻由、光义至高，其文辞不少概见，何哉？⑰

孔子曰：『伯夷、叔齐，不念旧恶，⑱怨是用希。』⑲『求仁得仁，又何怨乎？』⑳余悲伯夷之意，睹轶诗可异焉。㉑其传曰：伯夷、叔齐，孤竹君之二子也。㉒父欲立叔齐，及父卒，叔齐让伯夷。伯夷曰：『父命也。』遂逃去。叔齐亦不肯立而逃之，国人立其中子。㉓于是伯夷、叔齐闻西伯昌善养老，㉔『盍往归焉！』㉕及至，西伯卒，武王载木主，㉖号为文王，东伐纣。㉗伯夷、叔齐叩马而谏曰：㉘『父死不葬，爰及干戈，㉙可谓孝乎？以臣弑君，㉚可谓仁乎？』左右欲兵之。㉛太公曰：㉜『此义人也。』扶而去之。㉝武王已平殷乱，㉝天下宗周，㉞而伯夷、叔齐耻之，义不食周粟，㉟隐于首阳山，㊱采薇而食之。㊲及饿且死，作歌，其辞

幽明』二句：不能通晓天地万物的变化，又如何能认清人的本性和天命呢？幽：幽昧，昏暗。明：明显。幽明，指阴与阳、人世和冥界。恶（wū）：怎么，如何。

二一三

古文观止 卷五 汉文一

曰：「登彼西山兮，采其薇矣。以暴易暴兮，⑱不知其非矣。神农、虞夏，忽焉没兮，我安适归矣？⑲于嗟徂兮，命之衰矣！」⑩遂饿死于首阳山。由此观之，怨邪非邪？

或曰：「天道无亲，常与善人。」⑪若伯夷、叔齐可谓善人者非邪？积仁絜行如此而饿死！⑫且七十子之徒，仲尼独荐颜渊为好学。然回也屡空，糟糠不厌，而卒蚤夭。⑬天之报施善人，其何如哉？⑭盗跖日杀不辜，⑮肝人之肉，⑯暴戾恣睢，⑰聚党数千人，⑱横行天下，竟以寿终，是遵何德哉？此其尤大彰明较著者也。⑲若至近世，操行不轨，事犯忌讳，而终身逸乐，富厚累世不绝；⑳时然后出言，行不由径，非公正不发愤，而遇祸灾者，不可胜数也。余甚惑焉，傥所谓天道，㉓是邪非邪？

子曰：「道不同，不相为谋。」㉔亦各从其志也。故曰：「富贵如可求，虽执鞭之士，吾亦为之。如不可求，从吾所好。」㉕「岁寒，然后知松柏之后凋。」㉖举世混浊，清士乃见。岂以其重若彼，其轻若此哉？㉘

「君子疾没世而名不称焉。」㉙贾子曰：㉚「贪夫徇财，烈士徇名，㉛夸者死权，众庶冯生。」㉜「同明相照，同类相求。」㉝「云从龙，风从虎，圣人作而万物睹。」㉞伯夷、叔齐虽贤，得夫子而名益彰；颜渊虽笃学，附骥尾而行益显。㉟岩穴之士，趋舍有时，若此类名堙灭而不称，㊱悲夫！闾巷之人，欲砥行立名者，非附青云之士，恶能施于后世哉！㊲

选自《史记》卷六十一

注释

① 伯夷：孤竹国国君的儿子，因为不愿继承王位，逃到海边。周武王伐纣时，他们劝阻未果，于是逃

二一四

到首阳山隐居，最后绝食而死。②载籍：指典籍，文献。③『犹考信』句：还要从六经中去考察。犹：还。考信：考证其可信性。六艺：又称六经，指《诗》、《书》、《礼》、《乐》、《易》、《春秋》。④『《诗》、《书》』二句：《诗》、《尚书》虽然有所缺失，但记载虞舜、夏禹两朝事情的文字还可以看得到。《诗》：《诗经》。《书》：《尚书》。缺：缺失。虞：指虞舜。夏：指夏禹。虞、夏之文：指《尚书》中的《尧典》、《舜典》和《大禹谟》三篇记载的尧、舜、禹禅让的传说。⑤逊位：禅位。原始社会的首领轮换制度。⑥岳牧咸荐：四岳、九牧都推荐夏禹。岳牧，四岳和九牧。四岳，尧舜时掌管周边部落的四位首领。九牧，指九牧之长。咸，全，都；荐，推荐，举荐。⑦『乃试』二句：这才把他放到所担任的位置上试用考察，主持政务几十年。位：职位，位置。典职：执掌政务。典，执掌。⑧『功用』三句：等到功绩已经建立起来之后，才把国家的政权交给他。这表示天下是不能轻易授给人的重器。功绩。兴：显著。示：出示，授予。重器：指象征国家政权的宝物。这里指帝位。⑨王者大统：帝王是最高统治者。⑩说者：指诸子百家。⑪『尧让』三句：尧要把天下让给许由，许由不肯接受，逃到颍水一带继续隐居。许由：传说中上古隐士。⑫『及夏』二句：下随、务光，夏朝末期隐士，相传商汤把天下让给他，下随、务光认为这是可耻的事，逃走隐居起来。⑬此何以称焉：这样的事为什么受称道呢？称，称颂，称道。⑭箕（jī）山：在今河南登封南。⑮冢（zhǒng）：指坟墓。⑯『孔子』二句：意思是说孔子依次论述古代圣明贤能的人，例如吴太伯、伯夷等人，都很详细。序列：这里指依次叙述。吴太伯：周族先祖古公亶父的长子，让位给他的弟弟季历，自己逃到吴地，成为吴国的开创者。季历是周文王的父亲。之伦：之类，等人。⑰『余以』三句：我认为我所听到的许由、务光的德行都很高尚，但关于他们的记载，却很难见到，这是什

古文观止 卷五 汉文一

么原因呢？由：许由。光：务光。文辞：指相关记载。少：稍。⑱不念旧恶：不计较旧日的仇怨。语见《论语·公冶长》。⑲怨是用希：因此很少有人怨恨。语见《论语·公冶长》。是用，因此。希，少。⑳『求仁』二句：寻求仁而得到了仁又有什么好怨恨的呢？语见《论语·述而》。㉑『余悲』二句：我对伯夷的心意感到悲伤，看到他们没有被载入经书的诗歌又感到很诧异。悲：为……感到悲伤。意：意愿。轶诗：遗散的诗，指下文的《采薇歌》，不见于《诗经》，故称轶诗。轶，通『佚』。可异：感到奇怪。㉒孤竹君：孤竹，商汤所封国名，在今河北卢龙。孤竹君，孤竹国的国君。㉓中子：第二个儿子。㉔西伯昌：即周文王姬昌。因当时为西方诸侯的首领，故称西伯。㉕『盍（hé）往』句：何不前往投奔他呢？盍：何不。往：前往。归：归附，投奔。㉖木主：这里指周文王的牌位。古代出兵作战要把祖先牌位载于车上，以便随军祭祀。㉗纣（zhòu）：商纣王，商朝最后一位君主，也是历史上有名的暴君。㉘叩马：扣住马缰。㉙爰及：竟至于。㉚弑（shì）：古代称子杀父母、臣杀君王为弑。㉛欲兵之：想杀死他们。兵，动词。㉜太公：指姜太公，字子牙，又名吕尚，称太公望，辅佐武王伐商，封于齐地。㉝殷：即商朝。㉞宗周：以周为正宗。㉟『义不』句：坚持正义不吃周朝的粮食。粟：泛指粮食。㊱首阳山：在今山西永济南。㊲薇（wēi）：多年生草本植物，野菜，可食用。㊳以暴易暴：用暴力来对抗残暴的统治。㊴『神农』三句：神农、虞、夏忽然消逝啊，我将归于何处？神农：传说中远古部落领袖，最先教民务农。虞：虞舜。夏：夏禹。忽：转眼消逝啊。没：通『殁』，死。适：往，到。㊵『于嗟（yùjiē）』二句：唉呀，只有一死啊，命运是如此的衰微！于嗟：感叹词。于，通『吁』。徂（cú）：通『殂』，指死亡。命：命运。㊶『天道』二句：上天没有偏私，总是向着好人。㊷积仁絜（jié）行：积累德行，洁身自好。絜，通『洁』。㊸『且七十子』五句：

再看孔子那七十门人，孔子唯独称赞颜回是好学的人，可是颜回却常常陷于贫困之中，连粗劣的食物都得不到保证，而年纪轻轻地便死去。仲尼：即孔子，仲尼是他的字。独荐：单单称誉。孔子非常欣赏他。屡空：常常处于贫困之中。屡，常常。糟糠不厌：连最差的食物也吃不饱。卒：终于。蚤通"早"。夭：夭折，早亡。㊹其何如哉：难道竟是这样！㊺"盗跖"句：盗跖，春秋时期奴隶起义的领袖，历史上被诬为大盗。不辜：无辜，无罪之人。㊻肝人之肉：将人的肝当肉吃。㊼暴戾（lì）恣睢：残暴乖戾，恣意任性，肆无忌惮。㊽聚党：聚集党徒。㊾彰明较著：特别明显的事例。㋀操行不轨：指品行不端正。㋁或择地而蹈之：有的人择路而行，举步谨慎。㋂胜（shēng）数：全部数出来。㋃倘（tǎng）：倘若。㋄"子曰"三句：孔子说："志趣和道路不同的人，是不能互相商量的。"子：指孔子。下面的引文见《论语·卫灵公》。㋅"富贵"五句：如果富贵是可以通过走正道求得的，那么即便是拿着鞭子当马夫，我也愿意干，而如果富贵不可求得，那就按照我所喜好的去做吧。见于《论语·述而》。虽：即使。执鞭之士：执鞭的仆人。为：做。从吾所好：按照我所喜好的去做。㋆"岁寒"二句：天气严寒了才知道松柏是最后凋零的。岁：天时。后凋：最后凋谢。㋇清士：指品行高洁的人。乃：才。㋈"君子"句：君子最怕的是死后名声不被人称颂。见《论语·魏灵公》。疾：痛恨。没：通"殁"，死。称：称颂，称赞。㋊贾子：指西汉初年文学家贾谊。㋋"贪夫"二句：贪图钱财的人为钱财而死，烈士为名献身。见贾谊《鹏（fú）鸟赋》。徇：通"殉"，为……而死。㋌"夸者"二句：热衷于权势的人为权势而丧命，普通百姓只是求得生存。夸者：矜夸的人。死权：为权势而死。众庶：百姓，众生。冯（píng）生：活命。冯，同"凭"，依恃。㋍"同明"二句：同

古文觀止

卷五 漢文一

是光明的東西，就會相互映照，同屬一類的事物，就會相互感應。從《易·乾·文言》的『同聲相應，同氣相求』脫化而來。 ⑭『雲從龍』三句：意思是說雲跟著龍而生，風隨著虎而起，聖人出現後百姓都敬仰他。 ⑮『彰』：顯。 ⑯『附驥尾』句：比喻緊緊追隨於名人之後。驥：駿馬。 ⑰岩穴之士：即隱士。趨捨有時：意思是進退都有一定的時節。趨，進取；捨，隱居。 ⑱『若此類』句：意思是說像這樣的人，大多數名聲被淹沒，不被世人所知曉。堙(yīn)滅：埋沒。不稱：不被人知曉。 ⑲『閭(lǘ)巷』四句：處於社會底層的人，要想修養德行，樹立名聲，如果不依附享有盛名的人，怎能使名聲流傳後世呢？閭巷之人：泛指平民百姓。砥(dǐ)行：在行動中磨煉。青雲之士：指名望很高的人。惡(wū)：何，怎麼。

管晏列傳① 《史記》

原文

管仲夷吾者，潁上人也，②少時常與鮑叔牙游，③鮑叔知其賢。管仲貧困，常欺鮑叔，鮑叔終善遇之，不以為言。④已而鮑叔事齊公子小白，管仲事公子糾。⑤及小白立為桓公，公子糾死，管仲囚焉。鮑叔遂進管仲。⑥管仲既用，任政於齊，齊桓公以霸。⑦九合諸侯，一匡天下，管仲之謀也。⑧

管仲曰：『吾始困時，嘗與鮑叔賈，⑨分財利多自與，⑩鮑叔不以我為貪，知我貧也。吾嘗為鮑叔謀事而更窮困，鮑叔不以我為愚，知時有利不利也。吾嘗三仕三見逐於君，⑪鮑叔不以我為不肖，⑫知我不遭時也。⑬吾嘗三戰三走，⑭鮑叔不以我為怯，知我有老母也。公子糾敗，召忽死之，⑮吾幽囚受辱，鮑叔不以我

二一八

晓雪山行图　宋·马远

图中一位猎主，带着野山鸡和两驴子满载而归的情景。画面用大斧劈侧锋直皴山石，下笔爽利果断，画树简括，枝条劲健。作者以局部取景，来表现出当时人们生活。

为无耻，知我不羞小节而耻功名不显于天下也。"⑱生我者父母，知我者鲍子也。"

鲍叔既进管仲，以身下之。⑲子孙世禄于齐，有封邑者十余世，常为名大夫。天下不多管仲之贤而多鲍叔能知人也。⑳

管仲既任政相齐，以区区之齐在海滨，通货积财，富国强兵，与俗同好恶。㉑故其称曰："仓廪实而知礼节，衣食足而知荣辱，上服度则六亲固。"㉓"四维不张，国乃灭亡。"㉔"下令如流水之源，令顺民心。"㉕故论卑而易行。俗之所欲，因而予之；俗之所否，因而去之。㉗

其为政也，善因祸而为福，转败而为功。贵轻重，慎权衡。㉘桓公实怒少姬，南袭蔡，管仲因而伐楚，责包茅不入贡于周室。㉙桓公实北征山戎，而管仲因而令燕修召公之政。㉚于柯之会，桓公欲背曹沫之约，管仲因而信之，诸侯由是归齐。㉛故曰："知与之为取，政之宝也。"㉜

管仲富拟于公室，有三归、反坫，齐人不以为侈。㉞管仲卒，齐国遵其政，常强于诸侯。后百余年而有晏子焉。晏平仲婴者，莱之夷维人也。㉟事齐灵公、庄公、景公，以节俭力行重于齐。既相齐，食不重肉，妾不衣帛。㊱其在朝，君语及之，即危言；语不及之，即危行。㊲国有道，即顺命；无道，即衡命。㊳以此三世显名于诸侯。㊴

越石父贤，在缧绁中。㊵晏子出，遭之途，解左骖赎之，载归。㊶弗谢，入闺，㊷久之。越石父请绝，晏子懼然，㊸摄衣冠谢曰：㊹『婴虽不仁，免子于厄，何子求绝之速也？』㊺石父曰：『不然。吾闻君子诎于不知己而信于知己者。㊻方吾在缧绁中，彼不知我也。夫子既已感寤而赎我，是知己；知己而无礼，固不如在缧绁之中。』晏子于是延入为上客。

晏子为齐相，出，其御之妻从门间而窥其夫。㊼其夫为相御，拥大盖，策驷马，㊽意气扬扬，甚自得也。㊾既而归，其妻请去。㊿夫问其故，妻曰：『晏子长不满六尺，身相齐国，名显诸侯。今者妾观其出，志念深矣，常有以自下者。(51)今子长八尺，乃为人仆御，然子之意自以为足，妾是以求去也。』其后夫自抑损。(52)晏子怪而问之，御以实对。(53)晏子荐以为大夫。

太史公曰：吾读管氏《牧民》、《山高》、《乘马》、《轻重》、《九府》，及《晏子春秋》，(54)详哉其言之也。既见其著书，欲观其行事，故次其传。(55)至其书，世多有之，是以不论，论其轶事。

管仲，世所谓贤臣，然孔子小之。(56)岂以为周道衰微，桓公既贤，而不勉之至王，乃称霸哉？语曰：『将顺其美，匡救其恶，故上下能相亲也。』(57)岂管仲之谓乎？(58)

方晏子伏庄公尸哭之，成礼然后去，岂所谓『见义不为，无勇』者邪？(59)至其谏说，犯君之颜，(60)此所谓『进思尽忠，退思补过』者哉！(61)假令晏子而在，余虽为之执鞭，所忻慕焉。(62)

选自《史记》卷六十二

注释

① 管晏：管，管仲，春秋时期齐国著名政治家；晏，晏婴，春秋时期齐国著名政治家。② 夷吾：管仲的名字。③ 颍上：地名，在今安徽颍上县南。④ 不以为言：不因为这个而说什么。⑤ 公子小白：即后来的齐桓公，姓姜名小白，公元前685年至前643年在位。⑥ 子纠：他和公子小白都是齐襄公的弟弟。⑦ 进：推举，推荐。⑧ 以霸：得以成就霸业。九合……一匡天下，这都是管仲的计谋。九合，多次会合。九，指非常多的意思。⑨ "九合"三句：意思是说多次与诸侯会盟，一举而平定天下，这都是管仲的计谋。一匡：一举匡正。匡：谋略。⑩ 尝：曾，曾经。贾（gǔ）：经商。⑪ 多自与：自己多拿。⑫ 知时有利不利：意思是知道时机有顺利和不顺利。⑬ 三仕：三次做官。⑭ 不肖：没有才华。⑮ 不遭时：指没有遇到好的机会。⑯ 走：失败后逃跑。⑰ 召（shào）：召忽，死之：忽，齐国人，当初拥护公子纠，公子纠死后召忽自杀。⑱ 不羞……不以……为羞：不以……为耻。⑲ 以身下之：自己甘愿位居管仲之下。身，自己。下之，居于……之下。这里用作动词。⑳ "天下"句：天下的人不称赞管仲的贤能，而赞扬鲍叔牙知人善任。多：称赞。知人：识别人才。㉑ 任政相齐：任政，执政。相齐，做了齐国的相。相，此处用作动词。㉒ "与俗"句：意思是说与百姓的好恶相同。俗：百姓。㉓ "故其称曰"四句：所以说，粮仓丰富才懂得礼节，衣食充足才明白荣辱，在上位的君主遵循法度，整个宗族才能和睦相处、安定生活。仓廪（lǐn）实：粮食满仓。知：懂。上：在上位的人。服度：遵守法度。六亲：父、母、兄、弟、妻、子。固：安定。㉔ 四维不张：四维，礼、义、廉、耻。维，纲纪；张，发扬光大。㉕ "下令"二句：意思是说下命令像流水的源头，所下的命令要做到顺应民心。㉖ 论卑：调子低一点。易

古文觀止

卷五 汉文一

二二一

㉗因：顺着。㉘『贵轻重』二句：意思是说重视事情的轻重缓急，慎重地权衡其中的得失。贵：重视。轻重：价格的高低。权衡：衡量、比较。㉙『桓公』四句：意思是说齐桓公因为恼怒少姬而南下袭击蔡国，管仲以楚国不向周天子进贡包茅为由趁机攻打楚国。与夫人少姬乘舟，少姬摇荡船只，齐桓公受到惊吓，少姬被送回蔡国。后来少姬另嫁，齐桓公因此恼怒，一举出兵伐蔡。包茅：成捆的青茅，经常在祭祀中用作滤去酒渣。㉚『桓公实北征山戎』二句：意思是说管仲趁齐桓公北伐山戎时责令燕国修复召公的政令。实北征山戎：齐桓公二十三年（前663），山戎伐燕，齐桓公率兵伐山戎，解救燕国。山戎，古代少数民族，又称北戎，当时主要活动在河北北部一带。召（shào）公：姬姓，名奭（shì），又称召康公。文王的庶子，周成王时任太保，分封在燕地。修召公之政：重修召公的政事（向周天子进贡）。㉛『于柯』四句：意思是说齐国与鲁国在柯地会盟，但是后来齐桓公想背弃与鲁国订立的盟约，管仲依据形势劝桓公信守盟约，诸侯因此归附齐国。曹沫之约：齐桓公五年（前681），齐桓公与鲁庄公在柯（今山东东阿西南）会盟。齐桓公被鲁将曹沫以匕首挟持逼迫他退还鲁国的土地，齐桓公不得不答应。回国后齐桓公想要背弃条约，管仲认为在当时的形势下背信会损害齐国的威信，因此遵守条约退还鲁国土地。信之：遵守允诺。㉜『知与之为取』二句：意思是知道给予就是索取，这是为政的法宝。㉝管仲富拟于公室：管仲的财富比得上诸侯王公。拟，比得上。三归：供游乐用的三个高台。㉞『有三归』二句：意思是建筑华丽的三归台和国君享用的设施，但齐国的人并不认为奢侈。反坫（diàn）：指堂屋两柱间的土台，放置祭祀和宴会用的礼器和饮酒器具。按周礼的规定，诸侯才有三归和反坫。㉟晏平：名婴，字仲平。莱：春秋时古国名，故址在今山东黄县东南，夷维：即今山东高密。㊱『食不重肉』二

句……意思是说吃饭不会同时吃两种有肉的菜，妻妾不会穿绸缎衣服。重肉：两种有肉的菜。衣帛：穿绸缎衣，这里用作动词。㊲『君语』四句：意思是说国君有话问他，他就直言陈述，没有事情吩咐他，他就秉公办事。危言：不怕危险直言陈述事实。危行：严肃地办事。㊳衡命：做事时看时机并权衡轻重。㊴三世：指灵公、庄公、景公。㊵『越石父』二句：意思是说越石父虽然是个贤能的人但被囚禁着。越石父：齐国的贤人。缧绁（léixiè）：用来拘系犯人的绳索，这里指管制、囚禁。㊶『晏子出』四句：意思是说晏子出门时在路上遇见越石父，就解下左边驾车的马把他赎了出来，一起驾车回家。解，解下；左骖，左边驾车的马。古代一车三马或四马，两边的马被称作骖。㊷入闺：进入内室。㊸愕（qù）然：吃惊的样子。㊹摄：整理。谢：道歉，谢罪。㊺『婴虽不仁』三句：意思是说虽然我不见得是仁德之人，但是帮助你逃离困境，你为什么这么快就要和我断交呢。厄（è）：困境。何：为什么。子：对越石父的尊称。绝：断交。诎（qū）：通『屈』，冤屈。信：通『伸』，得到理解。㊻『其御』句：意思是说我听说君子受屈于不了解他的人，而从了解他的人那儿得到理解。㊼为相御：做相（晏子）的车夫。㊽甚自得：十分得意。㊾拥：拥有。策：鞭策，此处用作动词。驷马：同驾一车的四匹马。车夫。间：间隙。窥：偷看。㊿请去：请求离去。志念：思虑。自抑损：自我收敛。㊼㊼㊼『志念』二句：意思是说思虑很深。御以实对：车夫把事情的经过如实告诉晏子。㊼『牧民』、《山高》、《乘马》、《轻重》、《九府》：都是《管子》一书的篇名。其中《山高》，今本名为《形势》。《晏子春秋》：书名，作者不详，是有关晏婴的传说故事集，共有七篇。㊼次：编写，编次。㊼小之：看不起他。小，轻视，看不起。㊼『将顺』三句：意思是说作为臣

古文觀止 卷五 漢文一

子应该顺应君主的美德，匡正君主的过失，所以君臣之间才能和睦相处。 [58]"岂管仲"句：这话说的难道不是管仲吗？ [59]"方晏子"四句：意思是说晏婴伏在庄公遗体上痛哭一场，尽完君臣之礼后离去，这难道是"见义不为，没有勇气"的人吗？ [60]犯君之颜：冒犯君主。颜，面子。 [61]"此所谓"句：这就是所谓"在朝想着尽忠，退朝想着补正朝政过失"的人啊。语出《孝经·事君》。 [62]"假令"三句：意思是说假使晏子还活在人世间，我即使为他执鞭驾车，我也是欣喜钦慕的呀！忻（xīn）慕：欣喜钦慕。

屈原列传 《史记》

原文

屈原者，名平，楚之同姓也。①为楚怀王左徒。②博闻强志，明于治乱，娴于辞令。③入则与王图议国事，以出号令，出则接遇宾客，应对诸侯。王甚任之。④上官大夫与之同列，争宠，而心害其能。怀王使屈原造为宪令，⑤屈平属草稿未定。⑥上官大夫见而欲夺之，屈原不与，因谗之曰："王使屈平为令，众莫不知，每一令出，平伐其功曰：以为『非我莫能为』也。"⑦王怒而疏屈平。⑧

屈平疾王听之不聪也，⑨谗谄之蔽明也，邪曲之害公也，方正之不容也，故忧愁幽思而作《离骚》。⑩"离骚"者，犹离忧也。⑪夫天者，人之始也；父母者，人之本也。人穷则反本，故劳苦倦极，未尝不呼天也；疾痛惨怛，⑬未尝不呼父母也。屈平正道直行，竭忠尽智以事其君，谗人间之，⑭可谓穷矣！信而见

⑯疑，忠而被谤，能无怨乎？屈平之作《离骚》，盖自怨生也。⑰《国风》好色而不淫，《小雅》怨诽而不乱，⑱若《离骚》者，可谓兼之矣！上称帝喾，下道齐桓，中述汤、武，以刺世事。⑲明道德之广崇，治乱之条贯，⑳靡不毕见。㉑其文约，其辞微，㉒其志洁，其行廉。㉓其称文小而其指极大，举类迩而见义远。㉔其志洁，故其称物芳。㉕其行廉，故死而不容。㉖自疏濯淖污泥之中，㉗蝉蜕于浊秽，以浮游尘埃之外，不获世之滋垢，㉘皭然泥而不滓者也。㉙推此志也，虽与日月争光可也。㉚

屈原既绌，㉛其后秦欲伐齐，齐与楚从亲，㉜惠王患之，㉝乃令张仪详去秦，厚币委质事楚，㉞曰："秦甚憎齐，齐与楚从亲，楚诚能绝齐，秦愿献商、於之地六百里。"㉟楚怀王贪而信张仪，遂绝齐，㊱使使如秦受地，㊲张仪诈之曰："仪与王约六里，不闻六百里。"㊳楚使怒去，归告怀王。怀王怒，大兴师伐秦。秦发兵击之，大破楚师于丹、淅，㊴斩首八万，虏楚将屈匄，㊵遂取楚之汉中地。怀王乃悉发国中兵，㊶以深入击秦，战于蓝田。㊷魏闻之，袭楚至邓。㊸楚兵惧，自秦归。而齐竟怒，不救楚，楚大困。㊹

明年，秦割汉中地与楚以和。楚王曰："不愿得地，愿得张仪而甘心焉。"㊺张仪闻，乃曰："以一仪而当汉中地，㊻臣请往如楚。"如楚，又因厚币用事者臣靳尚，而设诡辨于怀王之宠姬郑袖，㊼怀王竟听郑袖，复释去张仪。㊽是时屈原既疏，不复在位，使于齐，顾反，㊾谏怀王曰："何不杀张仪？"怀王悔，追张仪，不及。㊿

其后，诸侯共击楚，大破之，杀其将唐眛。㊿时秦昭王与楚婚，欲与怀王会。怀王欲行，屈平曰："秦，虎狼之国，不可信。不如无行！"㊿怀王稚子子兰劝王行："奈何绝秦欢！"㊿怀王卒行。入武关，秦伏兵绝其后，因留怀王以求割地。怀王怒，不听。亡走赵，赵不内。㊿复之秦，竟死于秦而归葬。㊿

长子顷襄王立，㊿以其弟子兰为令尹。㊿楚人既咎子兰以劝怀王入秦而不反也。㊿屈平既嫉之，虽放流，

眷顾楚国，系心怀王，不忘欲反。冀幸君之一悟，俗之一改也。⑥其存君兴国，而欲反覆之，一篇之中，三致意焉。⑥然终无可奈何，故不可以反，卒以此见怀王之终不悟也。⑥

人君无愚智、贤不肖，莫不欲求忠以自为，举贤以自佐。⑥然亡国破家相随属，而圣君治国累世而不见者，⑥其所谓忠者不忠，而所谓贤者不贤也！怀王以不知忠臣之分，⑥故内惑于郑袖，外欺于张仪，疏屈平而信上官大夫、令尹子兰。兵挫地削，⑥亡其六郡，⑥身客死于秦，⑥为天下笑。此不知人之祸也。《易》曰：『井渫不食，为我心恻，可以汲。王明，并受其福。』⑥王之不明，岂足福哉！⑥

令尹子兰闻之大怒，卒使上官大夫短屈原于顷襄王。顷襄王怒而迁之。⑦

屈原至于江滨，被发行吟泽畔。⑦颜色憔悴，形容枯槁。⑦渔父见而问之曰：『子非三闾大夫欤？⑦何故而至此？』屈原曰：『举世混浊而我独清，众人皆醉而我独醒，是以见放。』⑦渔父曰：『夫圣人者，不凝滞于物而能与世推移。举世混浊，何不随其流而扬其波？⑦众人皆醉，何不餔其糟而啜其醨？⑦何故怀瑾握瑜，而自令见放为？』⑦屈原曰：『吾闻之：新沐者必弹冠，新浴者必振衣。⑥人又谁能以身之察察，受物之汶汶者乎！宁赴常流，而葬乎江鱼腹中耳。又安能以皓皓之白，而蒙世之温蠖乎！』⑥乃作《怀沙》之赋。⑥

于是怀石，遂自投汨罗以死。⑥

屈原既死之后，楚有宋玉、唐勒、景差之徒者，皆好辞而以赋见称。⑥然皆祖屈原之从容辞令，终莫敢直谏。⑥其后楚日以削，数十年竟为秦所灭。⑥

自屈原沉汨罗后百有馀年，汉有贾生，⑥为长沙王太傅。⑥过湘水，投书以吊屈原。⑨

太史公曰：⑨¹余读《离骚》、《天问》、《招魂》、《哀郢》，悲其志。适长沙，⑨³过屈原所自沉渊，未尝不垂涕，想见其为人。及见贾生吊之，又怪屈原以彼其材游诸侯，何国不容，而自令若是！⑨⁴读《鵩鸟赋》，同死生，轻去就，又爽然自失矣！⑨⁵

选自《史记》卷八十四

注释

① 楚之同姓：指屈原是楚王族的后裔。楚王族本姓芈（ㄇ一ˇ），后来分出『屈』、『景』、『昭』等姓。屈原的祖先瑕是楚武王的儿子，被分封在屈（相传在今湖北秭归东），其后代遂以屈为姓。② 楚怀王：楚威王之子，公元前328年至前299年在位。左徒：楚国的官职名称，职位仅次于令尹。③ 强志：记忆力很强。志，记。娴：娴熟。辞令：指外交语言。④ 上官大夫：楚大夫，『上官』是复姓。同列：处于同位。害：嫉恨。⑤ 造为宪令：编创法令。⑥ 属（zhǔ）：编写、编撰。⑦ 伐：夸耀。⑧ 疏：疏远、疏离。⑨ 疾：痛心。⑩ 『谗谄』四句：意思是说被谗言蒙蔽了君王的眼睛，邪恶的小人妨害了国家事务，正直的人难以容身，所以他忧伤愁苦，沉郁深思创作了长诗《离骚》。谗：谗言。谄：谄媚。蔽：蒙蔽。害：陷害。⑪ 离忧：遭遇忧愁，出离悲愤。⑫ 反：通『返』，回归。⑬ 惨怛（dá）：内心凄惨。⑭ 间：挑拨离间。⑮ 穷：处境困顿。⑯ 见疑：被怀疑。⑰ 这句话的意思是大概是因为积怨在心而创作的吧。⑱ 『《国风》』句：意思是说《国风》喜好美色而不过分，《小雅》讥讽政治而不犯上作乱。好色：喜欢写男女爱情。不淫：不过分。怨诽：怨恨讥刺。不乱：不犯上作乱。⑲ 帝喾（kù）：古代传说中的帝王名，据说是黄帝的曾孙。⑳ 齐桓：齐桓公，春秋五霸之一。㉑ 汤、武：汤，商汤。武，周武王。㉒ 条贯：条理。㉓ 靡（ㄇㄧˇ）不毕见：没有不详尽

古文觀止 卷五 漢文一

体现出来的。靡，没有，毕，全部、详尽。见，同"现"，体现。㉔"其文"二句：意思是文辞简约，词义含蓄。约：简约。微：隐微、含蓄的意思。㉕廉：正直清廉。㉖"其称文"二句：意思说文辞，能以小见大，所举的事类，表现出的意义可因近而见远。小：琐细。指，通"旨"，旨趣。举类：比喻。迩(ěr)：近。见义：表现出来的意义。㉗称物芳：《离骚》里多称述香草作比喻。㉘"自疏"句：意思是说像蝉一样自己脱壳，从浑浊和污秽中解脱出来。蜕：蜕皮，脱壳。㉙"蝉蜕"句：意思是说自动疏远于浑浊污秽的社会。自疏：自动疏远。濯淖(zhuó nào)：大泥沼。㉚滋垢：滋，通"兹"，黑色；垢，尘垢。㉛"皭(jiào)然"句：意思是说他洁白无瑕，是出污泥而不染的人。嚼然：洁白的样子。滓(zǐ)：污染。㉜绌(chù)：通"黜"，被罢免的意思。㉝从(zòng)：亲。合纵相亲。当时齐、楚等六国联合抗秦，称为合纵。㉞惠王：指秦惠王，公元前337年至前311年在位。㉟"乃令"句：意思是说于是让张仪假装离开秦国。乃：于是，就。张仪：魏国人，主张"连横"，游说六国事奉秦国。详：通"佯"，假装。去：离开，脱离。㊱"厚币"句：意思是说献上厚礼以表示愿意效劳于楚国的决心。厚币：指贵重丰厚的礼物。委质：献上礼物。委，呈献；质，通"贽"，礼物。㊲绝齐：与齐国断交。㊳商、於(wū)：秦国地名。商，在今陕西商县；於，在今河南西峡。㊴"使使"句：意思是说楚国派遣使者前往秦国，接受土地。使使：派遣使者。㊵约：约定。㊶丹、淅(xī)：河流名称。㊷屈匄(gài)：楚国的大将军。㊸悉：全部。㊹蓝田：秦国县名。在今陕西蓝田西。㊺邓：地名。在今河南邓州。㊻大困：极其困难。㊼当：抵得上。㊽如：去往。㊾"又因"句：意思是说用丰厚的礼物去贿赂主事的当权大臣靳尚。因：用。用事者：当权的人。靳尚：楚国大夫。㊿"而设诡辩"句：意思是说对怀王的宠姬郑袖施展诡诈的话语。设：施展。诡

二二八

辨：即诡辩，诡诈的话语。(51)释去：放走。(52)顾反：回来。顾，回；反，通『返』，返回。(53)无行：不行。(54)『奈何』句：意思是说怎么能拒绝与秦国的交欢呢。奈何：为什么。绝：拒绝。欢：交欢。(55)武关：在今陕西商县东。(56)『亡走』二句：意思是说怀王逃跑到赵国，赵国不接纳。亡走：逃跑。内：通『纳』，接纳。(57)顷襄王：名横，公元前298年即位，在位三十六年。(58)令尹：楚国官名，是楚国的最高行政长官。(59)『楚人』句：意思是说楚国人埋怨子兰劝楚王到秦国去却没能回来。咎：归咎、埋怨。反：通『返』，返回。(60)眷顾：眷，留恋。顾，顾念。系心：关心。反：通『返』，返回。冀幸：殷切希望。俗：世俗，指当时楚国贵族阶层腐朽的生活和思想。(61)『其存君』四句：意思是他那种顾念君王振兴国家，而且希望能够挽救衰败现状的愿望，在一篇作品中多次表现出来。存君：顾念君王。反覆之：指改变这种现状。致意：表现出意愿。(62)『然终』三句：意思是说他的文章中要求改变国家现状和为国家效力的愿望终究实现不了，因为也不能返回朝廷，由此可见怀王自始至终都没有醒悟啊。反：同『返』，返回。(63)『莫不』二句：意思是说没有不想寻求忠臣来帮助自己，选拔贤才来辅佐自己的。莫不：没有不。自为：帮助自己。(64)随属：接二连三，没有间断。(65)世：指一代，古代以三十年为一世。(66)忠臣之分：忠臣应尽的本分。(67)六郡：史书中没有详细的解释。(68)身客死于秦：你自己客死在秦国。(69)『《易》曰』六句：意思是《易经》说，君王不明，忠贤不被信任，就像能喝的甘净井水却不被饮用一样，心里十分痛惜。君王明德而能信任忠臣，那么国人都能享受福泽。《易》：即《周易》。渫（xiè）：排泄泥浊。(70)短：诽谤。(71)迁：放逐。(72)『被发』句：意思是披散着头发，在水边边走边吟诵。被：同『披』，披散。行吟：一边走一边吟诵。泽畔：水边。(73)枯槁（gǎo）：干枯。(74)三闾（lǘ）大夫：王逸《楚辞章句》说：三闾之职，掌王族三姓，曰昭、屈、景。屈原

古文觀止 卷五 漢文一

序其譜屬，率其賢良，以厲國士。⑦⑤見放：被流放，被放逐。⑦⑥『不凝滯』句：意思是說不拘泥於外物而能隨著時代的變化發展轉移。凝滯：拘泥不變。物：事物。⑦⑦『何不』句：意思是說為什麼不跟隨潮流而推波助瀾？揚其波：推波助瀾。⑦⑧『何不』句：意思是說為什麼不吃了那些酒糟，喝了那些薄酒？餔（pū）：通『哺』，吃。糟：酒糟。歠（chuò）：喝。醨（lí）：薄酒。⑦⑨『何故』二句：意思是說為了什麼一定要堅守高潔美好的操守，而使自己招來被流放的後果。懷瑾握瑜（yú）：比喻操守的堅貞美好。瑾、瑜，都指美玉。自令：使自己。⑧⑩『新沐』二句：意思是說剛洗過頭的人一定要彈彈帽子，剛洗過澡的人一定要抖抖衣服。沐：洗頭。彈冠：彈彈帽子上的灰。振衣：抖掉衣服上的灰塵。汶（wén）汶：昏暗的樣子。⑧①『人又』二句：意思是說又有什麼人會讓自己潔淨的身軀去蒙受昏暗污濁呢。察察：潔淨的樣子。汶汶：江水。常流：江水。⑧②『寧赴』四句：意思是說我寧願跳進江水裏葬身魚腹，又怎能讓高潔的心靈，蒙受世俗的塵垢呢。皓皓：潔白的樣子。溫蠖（huò）：塵垢累積的樣子。⑧③《懷沙》：《楚辭·九章》的篇名，是屈原臨終而作的詩。⑧④懷石：懷抱石頭。汨（mì）：江名，在湖南東北部，流往汨羅縣入洞庭湖。⑧⑤宋玉：楚國人，與宋玉同時。三人皆楚國辭賦家。見稱：被人稱道。祖：效法。從容：委婉不迫。⑧⑥『然皆』二句：意思是說然而宋玉等人只效法屈原言辭委婉不迫，而始終不敢相傳是屈原的學生。唐勒、宋玉同時代的楚國人，曾任楚國大夫。景差：楚國人，與宋玉同時。像屈原那樣向君王直諫。⑧⑦數十年：從楚頃襄王即位（前299）至秦滅楚（前223），中間歷時七十六年。⑧⑧賈生：即賈誼（前220-前168），洛陽（今河南洛陽東）人。西漢著名政論家和文學家。⑧⑨長沙王：即吳差，是漢朝開國功臣吳芮的玄孫。太傅：官職名稱，其職責為輔佐國王。⑨⑩書：指賈誼的《吊屈原賦》。吊：吊唁，悼念。⑨①太史公：指司馬遷本人。⑨②《天問》、《招魂》、《哀

二三〇

郢（yǐng）：屈原作品。《招魂》，也有说法称宋玉所作。93适：到，往。94"又怪"三句：意思是又责怪屈原如果凭借自己的才干去游说诸侯，哪个国家不能容身？然而他却使自己弄到了投江这个地步。以彼其材：以他那样的才干。自令若是：却使自己弄到这种地步。95"读《鵩鸟赋》"四句：意思是说读贾谊的《鵩鸟赋》，他把生和死同等看待，把贬职和任职看得轻淡，我又感到茫然若失了。《鵩鸟赋》：贾谊的作品。去：被罢职。就：任职于朝廷。爽然：迷茫的样子。

酷吏列传① 《史记》

原文

孔子曰："道之以政，齐之以刑，民免而无耻；道之以德，齐之以礼，有耻且格。"②老氏称："上德不德，是以有德；下德不失德，是以无德。法令滋章，盗贼多有。"④太史公曰：信哉是言也！法令者，治之具，⑤而非制治清浊之源也。⑥昔天下之网尝密矣，⑦然奸伪萌起，⑧其极也，上下相遁，至于不振。⑨当是之时，吏治若救火扬沸，非武健严酷，恶能胜其任而愉快乎？⑩言道德者，溺其职矣。⑪故曰："听讼吾犹人也，必也使无讼乎！"⑫"下士闻道大笑之"，⑬非虚言也。⑭汉兴，破觚而为圜，⑮斫雕而为朴，⑯网漏于吞舟之鱼，而吏治烝烝，不至于奸，黎民艾安。⑰由是观之，在彼不在此。⑱

选自《史记》卷一百二十二

古文观止 卷五 汉文一

注释

① 酷吏：采用严刑峻法的官吏。② 『道之以政』六句：这六句意思是说，用政令对百姓加以引导，用刑法使百姓统一，只能做到使百姓避免犯罪，但是却没有羞耻之心；用道德对百姓加以引导，用礼仪使百姓统一，这样百姓不但有羞耻之心，而且内心归服。道：通『导』，引导。以：用。齐：使……统一。格：归服。③ 老氏：即老子，又称老聃，姓李名耳，春秋时期的思想家，道教学派的创始人。④ 『上德』六句：这六句意思是说，高尚的品德不是表现为形式上的德，这才是真正的德；低下的道德处处表现为形式上的德，却谈不上有德。法条律令越严明严酷，盗贼只会越来越多地出现。上德：拥有高尚道德的人。不德：德行低下的人。滋：愈、越。章：严明、严酷。⑤ 之具：治理国家的工具。⑥ 『而非』句：意思是说然而这不是决定政治清明或污浊的本源所在。制治：治理。清浊：政治清明和污浊。源：根源、根本。⑦ 昔：指秦始皇时。网：法网。密：严密。⑧ 萌起：像草木初生一样不断发生。⑨ 『其极也』三句：意思是说到最严重的时候，官员上下相互蒙骗、逃避法令，以至于使得国家萎靡不振。相遁：互相欺蒙。遁：逃避法令。不振：颓废、萎靡不振。⑩ 『吏治』三句：意思是说吏治就像抱薪救火，扬汤止沸，没有严厉冷酷的强硬人物，又怎么能够担起责任并且取得一定成效呢。救火，这里是指抱薪救火。扬沸，扬汤止沸。武健：勇武刚健，是一样的，若有不同的话就是要让人们不发生诉讼啊。故曰：指孔子说。听讼（sòng）：审理案件。⑪ 溺：失去、丧失。⑫ 『故曰』三句：意思是说我审理案件和别人是一样的，若有不同的话就是要让人们不发生诉讼啊。故曰：指孔子说。听讼（sòng）：审理案件。⑬ 『下士』句：意思是说浅陋的人听到讲『道』就会大笑起来。恶（wū）：何，怎么。⑭ 虚言：假话。⑮ 『破觚（gū）』句：意思是说砍去棱使它变成圆形，指废除严苛的刑罚。破：破除、废除。觚：有棱角的酒器。圜（yuán）：通『圆』。

⑯ 斫(zhuó)雕而为朴：削除雕刻好的花纹，使它恢复到原本的朴素形态。斫，砍。⑰「网漏」四句：意思是说法网宽疏，使得能吞掉船只的大鱼漏网，但是吏治完善，不会出现犯罪现象，黎民百姓能够平安无事过日子。烝(zhēng)烝：兴盛，美好的样子。艾(yì)安：平安无事。艾，通「乂」，治理。⑱彼：指道德。此：指刑法。

游侠列传① 《史记》

原文

韩子曰：『儒以文乱法，而侠以武犯禁。』②二者皆讥，而学士多称于世云。③至如以术取宰相、卿、大夫，④辅翼其世主，⑤功名俱著于春秋，⑥固无可言者。及若季次、原宪，闾巷人也，⑦读书怀独行君子之德，义不苟合当世，⑧当世亦笑之。故季次、原宪终身空室蓬户，褐衣疏食不厌。⑨死而已四百馀年，而弟子志之不倦。⑩今游侠，其行虽不轨于正义，⑪然其言必信，其行必果，已诺必诚，⑫不爱其躯，赴士之厄困，⑬既已存亡死生矣，而不矜其能，羞伐其德，盖亦有足多者焉。⑭

且缓急，人之所时有也。⑮太史公曰：昔者虞舜窘于井廪，⑯伊尹负于鼎俎，⑰傅说匿于傅险，⑱吕尚困于棘津，⑲夷吾桎梏，⑳百里饭牛，㉑仲尼畏匡，㉒菜色陈、蔡。㉓此皆学士所谓有道仁人也，犹然遭此灾，况以中材而涉乱世之末流乎？㉔其遇害何可胜道哉！鄙人有言曰：㉕『何知仁义，已飨其利者为有德。』㉖故伯夷丑周，㉗饿死首阳山，而文、武不以其故贬

古文觀止 卷五 漢文一

王;㉚跖蹻暴戾,其徒誦義無窮。㉛由此觀之,「竊鉤者誅,竊國者侯;侯之門,仁義存」,非虛言也。㉜今拘學或抱咫尺之義,久孤於世,豈若卑論儕俗,與世浮沉而取榮名哉!㉝而布衣之徒,設取予、然諾,千里誦義,為死不顧世,此亦有所長,非苟而已也。㉞故士窮窘而得委命,㉟此豈非人之所謂賢豪間者邪?㊱誠使鄉曲之俠,予季次、原憲比權量力,效功於當世,不同日而論矣。㊲要以功見言信,俠客之義又曷可少哉!㊳古布衣之俠,靡得而聞已。㊴近世延陵、孟嘗、春申、平原、信陵之徒,㊵皆因王者親屬,藉於有土卿相之富厚,招天下賢者,顯名諸侯,不可謂不賢者矣。㊶比如順風而呼,聲非加疾,其勢激也。㊷至如閭巷之俠,修行砥名,㊸聲施於天下,莫不稱賢,是為難耳。㊹然儒、墨皆排擯不載。㊺自秦以前,匹夫之俠,湮滅不見,㊻余甚恨之。以余所聞,漢興有朱家、田仲、王公、劇孟、郭解之徒,㊼雖時扞當世之文罔,然其私義,廉潔退讓,有足稱者。名不虛立,士不虛附,㊽至如朋黨宗強,比周設財役貧,豪暴侵凌孤弱,恣欲自快,遊俠亦醜之。㊾余悲世俗不察其意,而猥以朱家、郭解等令與豪暴之徒同類而共笑之也。㊿

選自《史記》卷一百二十四

注釋

①游俠:行俠仗義之士。②「韓子」三句:意思是韓非子說,儒者利用經文擾亂法制,遊俠利用武力觸犯禁令。韓子:指韓非子,戰國時法家的代表人物。文:經籍,文獻。武:武力。犯禁:觸犯禁令。③「二者」二句:儒生、遊俠這兩種人都受到韓非子指責,然而儒生卻被世人稱道。訕:被指責。學士:即儒生。稱:被稱道。④術:儒術。⑤輔翼:在旁輔佐。世主:人主。⑥春秋:這裡泛指史書,並不專指魯史《春秋》。⑦「及若」二句:意思是說至於像季次、原憲都是里巷平民。及:至。若:像、如。閭巷:里巷,指

⑧怀：怀抱。独行君子：独善其身的君子。苟合：苟同迎合。⑨「故季次」二句：意思是说所以季次、原宪一生居住在空空如也的茅屋里，粗布做的衣服粗茶淡饭都得不到满足。空室：家里空空如也，一无所有。蓬户：用茅草编的门。褐（hé）衣：粗布做的衣服。疏食：以蔬菜为主的食物。疏，通「蔬」。不厌：不能满足，粗茶淡饭还吃不饱。厌，通「餍」，满足。⑩志之不倦：怀念不止。⑪「其行」句：意思是说他们的行为虽然不符合正统道义的要求。轨：符合。⑫已诺必诚：已经做出的承诺必定尽力实现。矜（jīn）：夸耀。伐：自我夸耀。德：功德。多：赞美、称赞。足多：值得称道。⑬厄，灾难。⑭「既已」四句：意思是说在使面临险境的人得以保身、面临死亡的人得以生存之后，他们不炫耀自己的才能，耻于自我夸耀其恩德，游侠也有值得称道的地方啊。⑮「且缓急」二句：况且危难紧急的事情是人们常会遇到的。缓急：急难，紧急。⑯太史公：指司马迁本人。⑰虞舜：古代传说中的部落联盟首领。窘于井廪之（三）……被困在米仓和井底。窘，穷困窘迫。廪，米仓。⑱伊尹：商汤的贤相。相传他原先做过厨师。负背着。鼎：烹煮用的炊具。俎（zǔ）：切肉用的砧板。⑲傅说（yuè）：殷王武丁之前曾在傅险做过泥瓦工。匿：隐藏。傅险：地名，即傅岩，在今山西平陆东。⑳吕尚：即姜子牙，辅佐周武王灭殷建周。棘津：地名，在今河南延津东北。㉑夷吾桎梏（zhìgù）……夷吾，即管仲，字夷吾。管仲曾帮助公子纠与齐桓公争夺齐国君位，在公子纠失败被杀后被囚。桎梏，被戴上脚镣手铐。桎，脚镣；梏，手铐。㉒百里饭牛：百里，即百里奚，秦穆公的贤相。饭，喂。㉓仲尼畏匡：仲尼，即孔子。畏匡，指孔子路过匡，匡人把他误认为是仇人阳货，将孔子包围差点杀了他。畏，指受到威胁；匡，春秋时卫国的地名，在今河南长垣西南。㉔菜色陈、蔡：指孔子路过陈、蔡时被围后粮食断绝，面色青黄。㉕「况以」句：何况普通

的人经历在乱世末期呢。中材：中等材质，指普通人。涉：经历。末流：末期。㉖『其遇害』句：意思是说他们所遭遇到的祸害又怎么能说得清呢。胜：尽、完。㉗鄙人有言：俗话说。鄙人：乡野之人。㉘『何知』二句：意思是说怎么知道仁义？得到了谁的好处，就认为是有德的人。已：通『以』。飨：通『享』。㉙伯夷丑周：指伯夷认为周武王伐纣是不仁的行为，以吃周粟为耻，饿死在首阳山。㉚贬王：贬低王业的声誉。㉛『跖（zhí）蹻（juē）』二句：意思是说盗跖、庄蹻残忍暴戾，但他们的同道却对他们的道义大为称诵跖：即盗跖，春秋时期的大盗。蹻：庄蹻，战国时期楚国的大盗。暴戾（lì）：残暴乖戾。徒：党徒。诵义：称诵赞道。㉜『窃钩』五句：意思是说偷人家衣钩的人遭到诛杀，窃国的人却被封了侯，只要是王侯家门就是仁义存在的地方。这话并不假。钩：衣带上的钩。虚言：假话。㉝『今拘学』四句：意思是说现在那些偏狭的学士怀抱短浅的道义，长久孤立于世，哪里能和那些议论不高、随世俗沉浮而获取功名的人相比啊。拘学：拘谨的书生。咫（zhǐ）尺：形容很短的距离。卑论：降低论调。侪（chái）俗：混同于世俗。侪，齐，平。㉞布衣之徒：指游侠。布衣，平民。㉟『设取予』五句：意思是说重视取予之道、信守允诺，为了道义不顾千里之遥，为别人牺牲生命，全然不顾世人的议论，这也有他们的长处，不是谁都能做到的。设：建立，这里是重视的意思；然诺，允诺。千里诵义：为了道义，不顾千里之遥。为死不顾世：为人牺牲不顾世人的议论。苟：苟且。㊱委命：把自己的性命委托于他人。㊲间者：杰出人士。㊳『诚使』四句：意思是说假如让乡曲里巷的游侠，同季次、原宪比较地位和能力，比较作出的贡献，那就不能同日而语了。诚使：假使、假如。乡曲：民间。予：通『与』，和。效功：贡献。论：言、说。㊴『要以』二句：意思是要从办事见功效和说话守信用来看，游侠的义气又怎么可以轻视呢。要（yāo）：总之。见：通『现』。曷（hé）：

滑稽列传① 《史记》

原文

孔子曰：『六艺于治一也。②《礼》以节人，《乐》以发和，《书》以导事，《诗》以达意，《易》以神化，《春秋》以道义。』③太史公④曰：天道恢恢，岂不大哉！谈言微中，亦可以解纷。⑤⑥

（wěi）……混杂。

说，我痛惜世俗之人不能明白游侠的心意，而轻易把他们与那些豪强暴戾之徒混同起来而共同取笑他们。猥

役……役使。豪暴……恃其豪强横暴。恣欲……放纵私欲。丑之……『以……为可耻』。⑤『余悲』二句……意思是

求自我快活，游侠也认为他们的行为可耻。比周……结党营私。比，与坏人勾结；周，与人团结。设……利用。

私，豪强相互勾结。⑤『比周』四句……意思是相互勾结起来奴役穷苦百姓，恃强凌弱欺压百姓，放纵私欲只

『捍』，触犯。文罔……法网。罔，通『网』。⑤虚立……凭空树立。⑤虚附……无故依附。⑤朋党宗强……结党营

汉初著名游侠，常救人于危难且不图回报。⑩『虽时』句……虽然他们经常触犯当世的法律。扞（hàn）……同

（yì）……传遍。⑰排摈（bìn）……排斥。摈弃。⑱湮（yān）灭……埋没。⑲朱家、田仲、王公、剧孟、郭解……

土……拥有封地。⑬加疾……加强，加快。⑭激……激荡。⑮砥（dǐ）……磨砺品行。砥，用来磨刀的石头。⑯施

民。⑪靡（mí）……无，不。⑫延陵……指春秋时吴国公子季札，因封于延陵，故称延陵季子，又称公子季。⑫有

何，怎么。少……轻视。⑩『古布衣』二句……意思是说古代的平民游侠，他们的事迹不可能了解了。布衣……平

古文觀止 卷五 漢文一

淳于髡者，齊之贅婿也。長不滿七尺。滑稽多辯，數使諸侯，未嘗屈辱。齊威王之時，喜隱，好為淫樂長夜之飲，沉湎不治，委政卿大夫。百官荒亂，諸侯並侵，國且危亡，在於旦暮。左右莫敢諫。淳于髡說之以隱曰：「國中有大鳥，止王之庭，三年不蜚又不鳴，王知此鳥何也？」王曰：「此鳥不蜚則已，一蜚沖天；不鳴則已，一鳴驚人。」於是乃朝諸縣令長七十二人，賞一人，誅一人，奮兵而出。諸侯振驚，皆還齊侵地。威行三十六年。語在《田完世家》中。

威王八年，楚大發兵加齊。齊王使淳于髡之趙請救兵，齎金百斤，車馬十駟。淳于髡仰天大笑，冠纓索絕。王曰：「先生少之乎？」髡曰：「何敢！」王曰：「笑豈有說乎？」髡曰：「今者臣從東方來，見道旁有禳田者，操一豚蹄，酒一盂，而祝曰：『甌窶滿篝，污邪滿車，五穀蕃熟，穰穰滿家。』臣見其所持者狹而所欲者奢，故笑之。」於是齊威王乃益齎黃金千鎰，白璧十雙，車馬百駟。髡辭而行。至趙，趙王與之精兵十萬，革車千乘。楚聞之，夜引兵而去。

威王大說，置酒後宮，召髡賜之酒。問曰：「先生能飲幾何而醉？」對曰：「臣飲一斗亦醉，一石亦醉。」威王曰：「先生飲一斗而醉，惡能飲一石哉！其說可得聞乎？」髡曰：「賜酒大王之前，執法在傍，御史在後，髡恐懼俯伏而飲，不過一斗徑醉矣。若親有嚴客，髡帣韝鞠䠱，侍酒於前，時賜餘瀝，奉觴上壽，數起，飲不過二斗徑醉矣。若朋友交游，久不相見，卒然相睹，歡然道故，私情相語，飲可五六斗徑醉矣。若乃州閭之會，男女雜坐，行酒稽留，六博投壺，相引為曹，握手無罰，目眙不禁，前有墮珥，後有遺簪，髡竊樂此，飲可八斗而醉二參。日暮酒闌，合尊促坐，男女同席，履舃交錯，杯盤狼藉，堂上燭滅，主人留髡而送客，羅襦襟解，微聞薌澤，當此之時，髡心最歡，能飲一石。故曰：『酒極則亂，樂極則悲。』萬事盡然，言不可極，極

之而衰。"⑯以讽谏焉。齐王曰："善！"乃罢长夜之饮，⑰以髡为诸侯主客。⑱宗室置酒，髡尝在侧。

选自《史记》卷一百二十六

注释

①滑稽：指能言善辩，说话诙谐。②六艺：即六经，指《礼》、《乐》、《诗》、《易》、《春秋》。于治：在治道方面。一……一致。③『礼』以节人』六句：意思是说《礼记》用来约束人的言行，《乐经》用来抒发人的感情，《书经》记述往古要事并用来供人借鉴，《诗经》用来表情达意，《易经》用来使人参透天地万物的阴阳变化，《春秋》用来阐明道义。节人：节制约束人的行为。发和：抒发人的感情。导事：用来记述往古要事。导，引导。达意：表情达意。神化：使人了解阴阳的变化。道义：阐明大义。④太史公：指司马迁本人。解纷：解除纠纷。⑤天道恢恢：天道无所不在。恢恢，广大无边的样子。⑥谈言：指滑稽人士的言谈。微中：委婉地符合。⑦淳于髡（kūn）：人名。淳于，复姓。赘（zhuì）婿：指入赘到女子家的男子。⑧多辩：善辩。辩，通『辨』。数（shuò）：屡次，多次。⑨齐七尺：古今度量衡不同，当时的尺比现在小。⑩在于旦暮：国家灭亡只在旦夕之间，表示极其危急的意思。⑪说（shuì）之以隐：用隐语劝说。⑫蜚（fēi）：通『飞』。⑬朝：召见。县令长：一县的长官。人口万户以上为令，万户以下为长。⑭一人：前『一人』指墨大夫，后『一人』指阿大夫。⑮《田完世家》：即《史记·田敬仲完世家》。⑯加齐：向齐国进攻。⑰之：往，到。⑱赍（jī）：赠送。⑲驷（sì）：四匹马拉的车。一辆为一驷。⑳冠缨索绝：（笑得）连系在下巴的帽带断了。冠缨，系在颔下的帽带。索，尽。绝，断。㉑少

古文觀止

卷五 汉文一

二三九

卷五 汉文一

芳春雨霁图　宋·马麟

此图描绘荒野平溪，窠石疏林。枝上嫩叶初露，春意浓郁。远方烟霭出没，隐约可见。画中怪石用山斧劈皴，老树用严谨的双钩填墨法，树叶用淡褐色点染。全图用笔瘦硬劲峭，构图简括，画风学马远而又有自己的创新，为马麟山水画佳作。

之……嫌少。少，以……为少。㉒笑岂有说乎：仰天大笑又怎么解释呢？㉓穰（ráng）田：祈祷田地粮食大丰收。穰，通"禳"，向鬼神祈祷消灾除祸。㉔"操一豚（tún）蹄"二句：手里拿着一只猪蹄和一壶酒。操：手持，手拿。豚蹄：即猪蹄。盂（yú）：用来装酒的容器。㉕"瓯窭（ōu lóu）"四句：意思是说狭小的高地上收获的谷物装满竹筐，低田里收获的谷物装满车子，五谷丰登，家里堆满粮食。瓯窭：狭小的高地。篝（gōu）：竹笼。污邪（yè）：低田。穰穰：非常多的样子。㉖镒（yì）：古代的重量单位，二十两（也有说二十四两）为一镒。㉗革车：古代战车的一种。㉘说（yuè）：通"悦"，高兴。㉙恶（wū）：何，怎么。㉚其说可得闻乎：其中的道理可以说来听听吗？㉛执法：酒宴时的监察官。㉜御史：监视酒政的官。㉝径：简直，就。㉞"若亲"七句：意思是说如果父亲有贵客，我卷起袖子躬身跪着，在他们面前侍奉饮酒，他们不停地赏赐我剩酒，我举杯祝酒，喝不到两斗便醉了。亲：父母双亲。严客：贵客。卷（juǎn）：通"卷"，卷起。韝（gōu）：臂套。鞠：弯曲。跽：小跪，双膝着地，上身挺直。馀沥：剩下的酒。觞（shāng）：酒杯。㉟卒（cù）然相睹：

货殖列传① 《史记》

原文

《老子》曰：②『至治之极，③邻国相望，鸡狗之声相闻，④民各甘其食，美其服，安其俗，乐其业，至

注释（续）：

㊱道故：谈论起过去的事情。㊲州间（lǘ）：乡里。㊳行酒稽留：大家互相敬酒，留在那儿慢慢地喝。稽留，停留。㊴六博：一种赌博游戏。投壶：宴会之中，以箭投壶，多中者为胜，负者罚酒。㊵『相引为曹』句：意思是说相互招引结伴分组。为曹，分组。㊶『握手』六句：意思是说，握妇女的手不会遭受责罚，目盼（chì）：目不转睛地注视着她们也不被禁止，前边有掉落的耳饰，后边有遗失的发簪，我心中暗自高兴，可以饮上八斗才有二三分醉意。无罚：不会遭受处罚。目盼：目不转睛地注视着。不禁：不被禁止。堕珥：掉落的耳环。遗簪：遗失的发簪。醉二参：二三分醉意。参，通『三』。㊷酒阑：酒宴马上就要散去。阑，散，尽。㊸合尊促坐：把剩下的酒合倒在一起，大家挨近挤着一起坐。尊，酒器。促坐，挨近相坐。㊹履舄（xì）交错：鞋子错乱摆放。履舄，鞋子，交错，错乱摆放。㊺『罗襦（rú）襟解』二句：意思是说侍女解开丝罗短袄的衣襟，可以隐隐闻到一股香味。罗襦：罗纱做的短袄。襦，短衣。微：稍稍，隐隐。芗（xiāng）泽：香气。㊻罢：停止。㊼『言不可极』二句：这话说明事情不能走到极端，到了极端就会走向衰败。㊽诸侯主客：接待诸侯的官员。主客，官职名称。㊾『宗室』二句：意思是说齐国的王族宗室举行酒宴时，淳于髡常常在场监督。宗室：王族宗室。尝：曾经。

古文觀止 卷五 漢文一

老死不相往來。」必用此為務，挽近世塗民耳目，則幾無行矣。

太史公曰：⑦夫神農以前，⑧吾不知已。至若《詩》、《書》所述虞、夏以來，⑨耳目欲極聲色之好，口欲窮芻豢之味，⑩身安逸樂，而心誇矜勢能之榮，使俗之漸民久矣。⑪雖戶說以眇論，終不能化。⑫故善者因之，⑬其次利道之，⑭其次教誨之，⑮其次整齊之，最下者與之爭。

夫山西饒材、竹、穀、纑、旄、玉石；⑯山東多魚、鹽、漆、絲、聲色；⑰江南出楠、梓、姜、桂、金、錫、連、丹沙、犀、瑇瑁、珠璣、齒、革；⑱龍門、碣石北多馬、牛、羊、旃、裘、筋、角；⑲銅、鐵則千里往往山出棋置。⑳此其大較也。㉑皆中國人民所喜好，謠俗被服飲食奉生送死之具也。㉒故待農而食之，虞而出之，工而成之，商而通之。㉓此寧有政教發徵期會哉？㉔人各任其能，竭其力，以得所欲。故物賤之徵貴，㉕貴之徵賤，㉖各勸其業，樂其事，若水之趨下，日夜無休時，不召而自來，不求而民出之。豈非道之符而自然之驗邪？㉗

《周書》曰：『農不出則乏其食，工不出則乏其事，商不出則三寶絕，虞不出則財匱少。』㉘財匱少而山澤不辟矣。㉙此四者，民所衣食之原也。㉚原大則饒，㉛原小則鮮。上則富國，下則富家。貧富之道，莫之奪予，㉜而巧者有餘，拙者不足。故太公望封於營丘，㉝地潟鹵，㉞人民寡，於是太公勸其女功，㉟極技巧，㊱通魚鹽，㊲則人物歸之，㊳繦至而輻湊。㊴故齊冠帶衣履天下，海岱之間斂袂而往朝焉。㊵其後齊中衰，管子修之，㊶設輕重九府，㊷則桓公以霸，㊸九合諸侯，㊹一匡天下；㊺而管氏亦有三歸，㊻位在陪臣，㊼富於列國之君。㊽是以齊富強至于威、宣也。㊾

故曰：『倉廩實而知禮節，衣食足而知榮辱。』㊿禮生於有而廢於無。故君子富，好行其德；小人富，

以适其力。㊷渊深而鱼生之，山深而兽往之，人富而仁义附焉。㊸富者得势益彰，㊹失势则客无所之，㊺以而不乐。㊻谚曰：『千金之子，不死于市。』㊼此非空言也。故曰：『天下熙熙，㊽皆为利来；天下壤壤，㊾皆为利往。』夫千乘之主，㊿万家之侯，[61]百室之君，[62]尚犹患贫，而况匹夫编户之民乎！[63]

选自《史记》卷一百二十九

注释

①货殖：贸易生财。②《老子》：书名，是记载道家创始人老子哲学思想的著作。③至治之极：治理极好的盛世达到了极限。至治，治理得非常好的社会。④相闻：能够互相听到。⑤必用此为务。如果必须要以此为要务。⑥『挽近世』二句：改变近代的风俗，堵塞人民的耳目，就几乎是行不通的。挽：通『晚』。近世：近代。涂：堵塞。几：几乎。无行：行不通。⑦太史公：指司马迁本人。⑧神农：古代传说中最先教民务农的君王。⑨至若：至于像的意思。⑩刍豢（chúhuàn）：泛指各种牲畜。⑪夸矜：自我夸耀。俗：世俗风气。渐：熏染。⑫『虞户说』二句：意思是说即使用老子的理念一家一户地去劝说人们，也不能感化他人。虞：即使。户说：一家一户地去开导。⑬善者因之：最好的解决方式是顺其自然。⑭利道之：因势利导地对待他。道，通『导』。⑮整齐之：制定章法条令来规范他。⑯山西：指山西太行山以西地区。饶：非常多。穀（gǔ）：树木名称，即楮，它的树皮可造纸。纑（lú）：野麻，可以用来织布。旄（máo）：指旄牛尾，可以用来做装饰品。⑰山东，指太行山以东。声色：指音乐和女色。⑱连：

古文觀止 卷五 漢文一

通『链』，铅矿石。丹沙：俗称朱砂。犀：犀牛的角。玳瑁（dàimào）：一种热带和亚热带的爬行动物，像龟，甲壳可以做装饰品。⑱不圆的珠子。⑲龙门：山名，在今山西河津西北。碣石：指碣石山，在今河北昌黎北。旃（zhān）：通『毡』。筋：兽筋。角：兽角。⑳『铜、铁』句：意思是说铜和铁广泛分布千里之地，像棋子一样密布各地。㉑大较：大概。㉒『谣俗』句：民间穿着、饮食、养生、送终需要用到的东西。谣俗：民间的习俗。奉生送死：养生送终。㉓『故待农』四句：意思是说所以要依靠农民生产才有吃的，依靠虞人才能使货物流通顺畅。虞：掌管山林水泽的官员，这里泛指开发山林的人。工：工人。成：加工成。通：流通。㉔『此宁有』句：这难道是有政令教化约束他们，约定好日期使他们聚在一起的吗？㉕『故物』二句：意思是说所以物价低贱生产运输的人就少，价格便会上涨；物价昂贵生产运输的一定会多，价格便会下降。㉖劝：努力，勤勉。㉗『岂非』句：难道这不是符合规律而自然发生的证明吗？㉘『《周书》』五句：《周书》：周代的文告，今已失传。三宝：指粮食、器物、财富。㉙匮（kuì）：缺乏，匮乏。辟（pì）：开辟。㉚原：通『源』，来源。㉛饶：非常多。㉜鲜（xiǎn）：很少。㉝莫之夺予：没有谁能够剥夺或给予。㉞太公望：即姜子牙，曾辅佐周武王灭商。营丘：在今山东昌乐东南。㉟潟卤（xì）：盐碱地。㊱女功：妇女的针线活。㊲极技巧：极力发展技艺。㊳通鱼盐：发展渔业和买卖食盐。㊴人物：指人力和物力。㊵『繈（qiǎng）至』句：像钱串一样络绎不绝到来，像车辐集中于车毂一样聚拢一处。辐（fú）：车轮中间集中于车毂上的直木。凑：聚拢、聚集。㊶『故齐』二句：意思是说所以齐国制造的帽带衣鞋遍布天下，东南到泰山之间的诸侯整理衣物恭敬地前往朝拜。海岱之

太史公自序①

《史记》

原文

太史公曰：『先人有言：②"自周公卒五百岁而生孔子，孔子卒后至于今五百岁，有能绍明世，正《易传》，继《春秋》，本《诗》、《书》、《礼》、《乐》之际？"③意在斯乎！意在斯乎！小子何敢让

间：今山东半岛。海，指今天的渤海。岱，泰山。敛袂(mèi)：整理衣着，以表尊敬。袂，衣袖。㊷管子：指管仲。修：治理。㊸轻重九府：铸币藏钱以控制物价的九个官府。轻重，储积货币调节物价。㊹桓公：指齐桓公，公元前685年至前643年在位。春秋五霸之一。㊺九合诸侯：多次与诸侯会盟。九，这里指非常多的意思。㊻一匡天下：一举而匡正天下。㊼三归：台观的名称，为管仲所筑。㊽陪臣：春秋时期诸侯对天子称臣，诸侯的大夫对周天子自称陪臣。㊾至于威、宣，直到威王、宣王时期。威、宣，指齐威王和齐宣王。㊿廪(lǐn)：粮仓、谷仓。㊶『礼生于』句：礼仪生于富有，废于贫穷。有：富有。无：贫穷。㊷『故君子』四句：君子富有，好生仁德；百姓富有，可以靠他们的劳动满足他们的享受。以适其力：即『以其力之财』的人，不会因为触犯法律在市井被处死。㊸熙熙：人多拥挤而热闹的样子。㊹『熙熙』意思相同。㊺千乘之主：拥有千乘兵车的国君。古代称四马一车为乘。㊻万家之侯：这里泛指诸侯。㊼百室之君：百家封邑的大夫。泛指大夫。㊽匹夫编户之民：编册入籍的普通百姓。

古文觀止 卷五 漢文一

上大夫壺遂曰：⑥「昔孔子何為而作《春秋》哉？」太史公曰：⑦「余聞董生曰：⑧『周道衰廢，孔子為魯司寇，⑨諸侯害之，大夫壅之，⑩孔子知言之不用、道之不行也，是非二百四十二年之中，以為天下儀表。⑪貶天子，退諸侯，討大夫，以達王事而已矣。⑫』子曰：「我欲載之空言，⑬不如見之於行事之深切著明也。」夫《春秋》，上明三王之道，⑭下辨人事之紀，⑮別嫌疑，⑯明是非，定猶豫，⑰善善惡惡，⑱賢賢賤不肖，⑲存亡國，繼絕世，補敝起廢，王道之大者也。⑳《易》著天地、陰陽、四時、五行，故長於變；《禮》經紀人倫，故長於行；《書》記先王之事，故長於政；《詩》記山川、溪谷、禽獸、草木、牝牡、雌雄，故長於風；㉑《樂》樂所以立，故長於和；《春秋》辨是非，故長於治人。是故《禮》以節人，㉒《樂》以發和，㉓《書》以道事，《詩》以達意，《易》以道化，㉔《春秋》以道義。撥亂世，反之正，莫近於《春秋》。㉕《春秋》文成數萬，其指數千，萬物之散聚皆在《春秋》。㉖《春秋》之中，弒君三十六，㉗亡國五十二，諸侯奔走不得保其社稷者，不可勝數。㉘察其所以，皆失其本已。故《易》曰：「失之毫釐，差以千里。」㉙故曰：「臣弒君，㉚子弒父，非一旦一夕之故也，其漸久矣。」故有國者不可以不知《春秋》，前有讒而弗見，後有賊而不知。㉛為人臣者不可以不知《春秋》，守經事而不知其宜，遭變事而不知其權。㉜為人君父而不通於《春秋》之義者，必蒙首惡之名。為人臣子而不通於《春秋》之義者，必陷篡弒之誅，死罪之名。其實皆以為善，為之不知其義，被之空言而不敢辭。㉝夫不通禮義之旨，至於君不君，臣不臣，父不父，子不子。夫君不君則犯，臣不臣則誅，父不父則無道，子不子則不孝。此四行者，天下之大過也。以天下之大過予之，則受而弗敢辭。故《春秋》

者，礼义之大宗也。夫礼禁未然之前，法施已然之后；法之所为用者易见，而礼之所为禁者难知。」

壶遂曰：「孔子之时，上无明君，下不得任用，故作《春秋》，垂空文以断礼义，当一王之法。今夫子上遇明天子，下得守职，万事既具，咸各序其宜，夫子所论，欲以何明？」太史公曰：「唯唯，否否，不然。余闻之先人曰：『伏羲至纯厚，作《易》八卦；尧、舜之盛，《尚书》载之，礼乐作焉；汤、武之隆，诗人歌之。《春秋》采善贬恶，推三代之德，褒周室，非独刺讥而已也。』汉兴以来，至明天子，获符瑞，建封禅，改正朔，易服色，受命于穆清，泽流罔极。海外殊俗，重译款塞，请来献见者，不可胜道。且士贤能而不用，有国者之耻；主上明圣而德不布闻，有司之过也。臣下百官力诵圣德，犹不能宣尽其意。且余尝掌其官，废明圣盛德不载，灭功臣世家贤大夫之业不述，堕先人所言，罪莫大焉！余所谓述故事，整齐其世传，非所谓作也，而君比之于《春秋》，谬矣。」

于是论次其文。七年而太史公遭李陵之祸，幽于缧绁，乃喟然而叹曰：『是余之罪也夫！是余之罪也夫！身毁不用矣。』退而深惟曰：『夫《诗》、《书》隐约者，欲遂其志之思也。昔西伯拘羑里，演《周易》；孔子厄陈、蔡，作《春秋》；屈原放逐，著《离骚》；左丘失明，厥有《国语》；孙子膑脚，而论兵法；不韦迁蜀，世传《吕览》；韩非囚秦，《说难》、《孤愤》；《诗》三百篇，大抵贤圣发愤之所为作也。此人皆意有所郁结，不得通其道也，故述往事，思来者。』于是卒述陶唐以来，至于麟止，自黄帝始。

选自《史记》卷一百三十

古文觀止 卷五 漢文一

注释

① 太史公：指司马迁本人。
② 先人：指司马迁已故的父亲司马谈。③『有能』四句：有谁能继续叙述太平盛世的历史，整理《易传》，续写《春秋》，探求《诗经》、《尚书》、《礼记》、《乐经》的本源呢？
绍明世：继续太平盛世。绍，继续。《易传》：《周易》的注释。《春秋》：春秋时期鲁国的编年体史书。继续，这里是续写的意思。本：探究根本。
《诗》：指《诗经》。《书》：指《尚书》。《礼》：指《仪礼》。《乐》：指《乐经》。正：整理。继：继续。
④ 意在斯乎：这意思就是在此时吧！
⑤『小子』句：我怎么敢推辞啊。小子：是司马迁的自称。让：推辞。
⑥ 上大夫：官职名称。壶遂：人名，曾与司马迁一起参与修订律历。
⑦ 董生：指董仲舒，西汉经学家。生，是对人的尊称。
⑧ 司寇：负责掌管刑狱的职官。⑨ 害：嫉恨。
⑩ 壅（yōng）：阻塞。⑪『是非』二句：于是就对二百四十二年的历史进行褒贬评论，并将这个作为天下的标准。是：用作动词，褒贬。二百四十二年：《春秋》记事，从鲁隐公元年（前722）起，至鲁哀公十四年（前481）止，共二百四十二年。仪表：标准。
⑫ 达：说明。⑬ 载之空言：记载在空泛的言论中。⑭ 三王：指夏禹、商汤、周文王。⑮ 纪：纲纪，这里指指伦常秩序。⑯ 嫌疑：有疑问的事情。⑰ 定犹豫：消除犹豫。⑱ 善善恶恶：褒扬善行，谴责恶行。⑲ 贤贤贱不肖：称道贤明之人，鄙视不肖之人。⑳『存亡国』四句：使亡国恢复，继续延续断绝的世系。存亡国：复兴危亡的国家。继绝世：延续断绝的世系。补敝起废：修补破败，振兴衰败。大者：大端，这里是重要的大内容。
㉑ 牝（pìn）：雌性的鸟兽。牡（mǔ）：雄性的鸟兽。㉒ 节人：节制人。㉓ 发和：抒发和畅的感情。㉔ 道化：说明事物的变化。㉕ 道义：讲明道义。㉖ 文：指字数。指：通『旨』，主旨，条例。㉗ 弑（shì）：臣子

杀害君王，子女杀害父母。㉘社稷：国家。㉙『故《易》曰』三句：这里的引文不存于今本《易经》，见于《易纬·通卦验》。㉚臣弑君：见于《易·坤卦·文言》，最后一句稍有不同。㉛贼：指犯上作乱的人。㉜『守经事』二句：管理日常事务而不知道适当地处理，遇到事情变化而不知道权衡轻重缓急。经事：日常事务。宜：相应地处理。变事：事变。权：权宜轻重，随机应变。㉝『其实』三句：其实他们都认为这是善的才去做，因为不懂得《春秋》要义结果做错了，受到谴责被冠以罪名，也不敢推卸。被：加上。空言：指空洞的罪名。㉞犯：被下臣冒犯。㉟大宗：根本。㊱『垂空文』句：此句说传下文章（《春秋》）来断定礼义。垂：用。空文：指文章，与具体的事功相对而言。断：论断。㊲当一：用来规范的意思。㊳明天子：指汉武帝。㊴夫子所论，欲以何明：先生的论述，是想要用来阐明些什么呢？㊵唯唯：答应的声音。否否：不对不对。㊶伏羲：指太昊，传说中的古代部落首领。㊷作：兴。㊸隆：兴盛、兴隆。㊹获符瑞：指捉获麒麟。符瑞，吉祥的象征。㊺建封禅（shàn）：指元封六年（前110）汉武帝到泰山封禅之事。封禅，是古代帝王祭祀天地的隆重典礼。㊻改正朔：修改历法。正，岁首。朔，初一。㊼易服色：改变衣服和器物的颜色。古代改朝换代后会规定本朝尊崇的正色，并以此作为衣服和器物的颜色。㊽『受命』六句：这六句说，接受天命的安排，恩泽流传不断，海外生活在不同风俗中的人，通过辗转翻译，请求能够进献拜见的不可胜数。受命：接受天命安排。穆清：天气清和，这里指上天。泽：恩泽。殊俗：风俗不一样。重译：辗转翻译。款塞（sài）：叩关。款，叩。㊾有司：指主管其事的官吏。㊿废：废弃、废除。(51)『灭功臣』三句：这三句说，埋没功臣世家贤大夫的功过不记述，背弃先父的遗教，没有比这更大的罪过啊。灭：泯灭，埋没。堕：背弃、抛弃。先人：指司马迁已经去世的父亲司马谈。(52)整齐：整理归纳。(53)论次：论定编排。(54)遭李陵之祸：汉武帝天汉二年（前99），骑都尉李陵率五千步兵攻打匈奴，战败投降。司马迁在武帝面前替李陵辩护，武帝认为这是诋毁贰师将军李广利，在盛怒之下判处司马迁宫刑。㊄㊄幽：幽禁。缧绁（léi xiè）：用来捆绑人的绳索。这里是指监牢。㊄㊅喟（kuì）然：叹气。㊄㊆『身毁』句：意思是身体毁伤没用了。㊄㊇深惟：深切地思考。㊄㊈『夫《诗》、《书》』二句：意思是说《诗》、《书》文辞含蓄隐约，是想要表达他们思想。㊅⓪『昔西伯』二句：意思是说从前周文王被拘禁于羑（yǒu）里，推演出《周易》。西伯，指周文王姬昌。羑里，地名，在今河南汤阴境内。㊅①孔子厄（è）：陈、蔡：孔子周游列国时曾经在陈、蔡遭受到围攻、绝粮等苦难。厄，苦难。㊅②屈原放逐：屈原因为别人在楚怀王面前进谗言诋毁他而遭到流放。《离骚》：屈原的抒情长诗。㊅③《国语》：西周末至春秋时期周、鲁、齐、晋、郑、楚、吴、越八国的国别史，相传为左丘明所作。㊅④『左丘』二句：意思是左丘双目失明，才有《国语》。左丘：左丘明，春秋时鲁国的史官。厥：才。㊅⑤『孙子』二句：意思是孙子被挖掉膝盖骨，才写出了兵法。孙子：战国时的大军事家。据说他的同学庞涓因为妒忌他的才能，把他骗到魏国挖去他的膝盖骨。膑（bìn）：挖去膝盖骨，是古代酷刑的一种。㊅⑥『不韦』二句：意思是吕不韦被贬到蜀国去，世上才流传他的《吕览》。不韦：指吕不韦，是战国末期的大商人，曾在秦始皇初年担任相国，但后来因罪免职，被贬至蜀。㊅⑦『韩非』二句：意思是韩非被囚禁在秦国，才有《说难》、《孤愤》。韩非：韩国的公子，战国时期法家的代表，后来到秦国去被李斯谗害，下狱而死。《说难》、《孤愤》都是《韩非子》中的篇名。㊅⑧大抵：大概都是。㊅⑨『于是』三句：于是（我）终于记述了陶唐以来的事情，下到当今天子捉到麒麟为止，上自黄帝开始。卒：终于。陶唐：陶唐氏，即尧。尧起初居住在陶丘（今山东定陶东南），后迁至唐

古文觀止 卷五 漢文一

报任安书① 司马迁

（今河北唐县），因此被称为陶唐氏。至于麟止：汉武帝元狩元年捉获一只麒麟，《史记》记事到这一年为止。黄帝：即轩辕氏，远古传说中的帝王。

原文

太史公牛马走司马迁再拜言，②少卿足下：③曩者辱赐书，教以慎于接物，推贤进士为务，意气勤勤恳恳，④若望仆不相师，而用流俗人之言。仆非敢如此也！⑥仆虽罢驽，亦尝侧闻长者之遗风矣。⑦顾自以为身残处秽，⑧动而见尤，⑨欲益反损，⑩是以独抑郁而谁与语。⑪谚曰：『谁为为之？孰令听之？』⑫盖钟子期死，伯牙终身不复鼓琴。⑬何则？⑭士为知己者用，女为说己者容。⑮若仆大质已亏缺矣，⑯虽才怀随、和，⑰行若由、夷，⑱终不可以为荣，适足以见笑而自点耳。⑲书辞宜答，会东从上来，又迫贱事，相见日浅，卒卒无须臾之闲，得竭志意。㉑今少卿抱不测之罪，㉒涉旬月，㉓迫季冬，㉔仆又薄从上雍，㉕恐卒然不可为讳，㉖是仆终已不得舒愤懑以晓左右，则长逝者魂魄，私恨无穷。㉗请略陈固陋。㉘阙然久不报，幸勿为过。㉙

仆闻之：修身者，智之符也；㉚爱施者，仁之端也；㉛取予者，义之表也；㉜耻辱者，勇之决也；㉝立名者，行之极也。㉞士有此五者，然后可以托于世，而列于君子之林矣。故祸莫憯于欲利，㉟悲莫痛于伤心，行莫丑于辱先，㊱诟莫大于官刑。㊲刑馀之人，无所比数，非一世也，所从来远矣。昔卫灵公与雍渠同载，孔子适陈；㊳商鞅因景监见，赵良寒心；㊴同子参乘，袁丝变色：㊵自古而耻之。夫中材之人，㊶事有关于宦竖，

㊸莫不伤气，㊹而况于慷慨之士乎？如今朝廷虽乏人，奈何令刀锯之馀荐天下之豪俊哉！㊺仆赖先人绪业，㊻得待罪辇毂下，㊼二十馀年矣。所以自惟，㊽上之不能纳忠效信，有奇策材力之誉，自结明主；㊾次之又不能拾遗补阙，㊿招贤进能，显岩穴之士；(51)外之不能备行伍，(52)攻城野战，有斩将搴旗之功；(53)下之不能积日累劳，取尊官厚禄，以为宗族交游光宠。四者无一遂，(54)苟合取容，(55)无所短长之效，(56)可见于此矣。向者仆亦尝厕下大夫之列，(57)陪奉外廷末议，(58)不以此时引纲维，尽思虑，(59)今已亏形为扫除之隶，在阘茸之中，乃欲仰首伸眉，论列是非，不亦轻朝廷、羞当世之士邪？(60)嗟乎！嗟乎！如仆尚何言哉！(61)尚何言哉！

且事本末未易明也。(62)仆少负不羁之才，(63)长无乡曲之誉。(64)主上幸以先人之故，使得奏薄伎，(65)出入周卫之中。(66)仆以为戴盆何以望天，故绝宾客之知，亡室家之业，日夜思竭其不肖之才力，务一心营职，以求亲媚于主上。(67)而事乃有大谬不然者！(68)

夫仆与李陵，俱居门下，(69)素非能相善也。(70)趋舍异路，(71)未尝衔杯酒、接殷勤之馀欢。然仆观其为人，自守奇士，(72)事亲孝，与士信，临财廉，(73)取与义，分别有让，(74)恭俭下人，常思奋不顾身，以殉国家之急。其素所蓄积也，仆以为有国士之风。(75)夫人臣出万死不顾一生之计，赴公家之难，斯已奇矣。今举事一不当，而全躯保妻子之臣，随而媒孽其短，仆诚私心痛之。(76)且李陵提步卒不满五千，(77)深践戎马之地，(78)足历王庭，(79)垂饵虎口，横挑强胡，(80)仰亿万之师，(81)与单于连战十有馀日，所杀过当，(82)虏救死扶伤不给。(83)旃裘之君长咸震怖，(84)乃悉征其左右贤王，(85)举引弓之人，一国共攻而围之。转斗千里，矢尽道穷，救兵不至，士卒死伤如积。(86)然陵一呼劳军，士无不起，躬身流涕，沬血饮泣，(87)更张空拳，(88)冒白刃，(89)北向争死敌者。(90)陵未没时，(91)使有来报，汉公卿王侯皆奉觞上寿。(92)后数日，陵败书闻，主上为之食不甘味，听朝不怡，大

臣忧惧，不知所出。仆窃不自料其卑贱，见主上惨怆怛悼，诚欲效其款款之愚。㉟以为李陵素与士大夫绝甘分少，㉟能得人之死力，虽古之名将，不能过也。身虽陷败，彼观其意，㉟且欲得其当而报于汉。事已无可奈何，其所摧败，功亦足以暴于天下矣。㉟仆怀欲陈之，而未有路，适会召问，㉟即以此指，推言陵之功，㉟欲以广主上之意，塞睚眦之辞。㉟未能尽明，明主不晓，以为仆沮贰师，而为李陵游说，遂下于理。㉟拳拳之忠，终不能自列，㉟因为诬上，卒从吏议。家贫，货赂不足以自赎；㉟交游莫救视，左右亲近不为一言。㉟身非木石，独与法吏为伍，深幽囹圄之中，⑪谁可告诉者！此真少卿所亲见，仆行事岂不然乎？⑩李陵既生降，颓其家声，而仆又佴之蚕室，⑪重为天下观笑。⑫悲夫！悲夫！事未易一二为俗人言也。⑬

仆之先非有剖符丹书之功，⑭文史星历，近乎卜祝之间，⑮固主上所戏弄，倡优所畜，流俗之所轻也。⑯假令仆伏法受诛，若九牛亡一毛，与蝼蚁何以异？而世俗又不能与死节者次比，特以为智穷罪极，不能自免，卒就死耳。⑰何也？素所自树立使然也。⑱人固有一死，死或重于泰山，或轻于鸿毛，用之所趣异也。⑲太上不辱先，其次不辱身，其次不辱理色，㉑其次不辱辞令，其次诎体受辱，其次易服受辱，㉓其次关木索、被箠楚受辱，㉕其次剔毛发、婴金铁受辱，㉖其次毁肌肤、断肢体受辱，最下腐刑极矣！㉗传曰：『刑不上大夫。』㉘此言士节不可不勉励也。猛虎在深山，百兽震恐，及在槛阱之中，摇尾而求食，积威约之渐也。㉛故士有画地为牢，势不可入，削木为吏，议不可对，定计于鲜也。㉜今交手足，受木索，暴肌肤，受榜箠，幽于圜墙之中。㉝当此之时，见狱吏则头抢地，视徒隶则心惕息。㉟何者？积威约之势也。㊱及以至是，言不辱者，所谓强颜耳，曷足贵乎？㊲且西伯，伯也，拘于羑里；㊳李斯，相也，具于五刑；㊴淮阴，王也，受械于陈；㊵彭越、张敖，南面称孤，系狱抵罪；⑭绛侯诛诸吕，权倾五伯，囚于请室；⑭魏其，大将也，衣赭衣，关三木；⑭季布为

朱家钳奴；⑭灌夫受辱于居室。⑮此人皆身至王侯将相，声闻邻国，及罪至罔加，不能引决自裁，在尘埃之中。⑯古今一体，⑰安在其不辱也？由此言之，勇怯，势也；⑱强弱，形也。⑲审矣，⑳何足怪乎？夫人不能早自裁绳墨之外，以稍陵迟，至于鞭箠之间，乃欲引节，斯不亦远乎！㉑古人所以重施刑于大夫者，殆为此也。㉒夫人情莫不贪生恶死，念父母，顾妻子。至激于义理者不然，乃有所不得已也。㉓今仆不幸，早失父母，无兄弟之亲，独身孤立，少卿视仆于妻子何如哉？㉔且勇者不必死节，怯夫慕义，何处不勉焉？㉕仆虽怯懦欲苟活，亦颇识去就之分矣，何至自沉溺缧绁之辱哉！㉖且夫臧获婢妾，犹能引决，况仆之不得已乎？所以隐忍苟活，幽于粪土之中而不辞者，恨私心有所不尽，鄙陋没世，而文采不表于后世也。㉗

古者富贵而名磨灭，不可胜记，唯倜傥非常之人称焉。㉘盖文王拘而演《周易》；㉙仲尼厄而作《春秋》；㉚屈原放逐，乃赋《离骚》；㉛左丘失明，厥有《国语》；㉜孙子膑脚，兵法修列；㉝不韦迁蜀，世传《吕览》；㉞韩非囚秦，《说难》、《孤愤》；㉟《诗》三百篇，大氐贤圣发愤之所为作也。㊱此人皆意有所郁结，不得通其道，故述往事，思来者。㊲乃如左丘无目，孙子断足，终不可用，退而论书策，以舒其愤，思垂空文以自见。㊳

仆窃不逊，近自托于无能之辞，㊴网罗天下放失旧闻，略考其事，综其终始，稽其成败兴坏之纪，㊵上计轩辕，下至于兹，为十表，本纪十二，书八章，世家三十，列传七十，凡百三十篇。亦欲以究天人之际，通古今之变，成一家之言。㊶草创未就，会遭此祸，㊷惜其不成，是以就极刑而无愠色。㊸仆诚已著此书，藏之名山，传之其人，通邑大都，则仆偿前辱之责，虽万被戮，岂有悔哉！然此可为智者道，难为俗人言也。㊹

且负下未易居，下流多谤议，㊺仆以口语遇遭此祸，重为乡党所戮笑，以污辱先人，亦何面目复上父母之丘墓乎？㊻虽累百世，垢弥甚耳！㊼是以肠一日而九回，居则忽忽若有所亡，出则不知其所往。每念斯耻，汗

未尝不发背沾衣也!身直为闺阁之臣,[184]宁得自引深藏岩穴邪?[185]故且从俗浮沉,与时俯仰,[186]以通其狂惑。[187]今少卿乃教以推贤进士,无乃与仆私心剌谬乎?[188]今虽欲自雕琢,曼辞以自饰,[189]无益,于俗不信,适足取辱耳。要之,死日然后是非乃定。书不能悉意,略陈固陋。[190]谨再拜。[191]

选自《汉书》卷六十二

注释

① 报:答复。任安:字少卿。西汉荥阳(今属河南)人。幼时贫困,后人益州刺史,武帝太始四年(前93)因事入狱,后被赦免。征和二年(前91),因与『戾太子事件』有牵连,判处腰斩。司马迁因为李陵求情获罪后,任安曾经写信给司马迁,这是司马迁给他的回信。当时任安又因事正落狱候斩。② 这句话的意思是说愿为您效犬马之劳的太史公司马迁再拜敬陈言辞。太史公:司马迁的官职名称。牛马走:是说在皇帝前像牛马一样奔走的仆人,表示自谦。走,役夫走卒。再拜言:再拜敬陈言辞。③ 足下:对人表示尊敬的一种称呼。④ 『曩(nǎng)者』三句:这三句说,以前承蒙您屈尊写信给我,指教我谨慎地待人接物,把推举贤人当做自己的任务。曩:从前。辱:谦词,承蒙您。赐:敬词,旧指上对下的给予。接物:与人交往。推贤进士:推举贤人。务:事。⑤ 意思是信里表达的情意和言辞诚恳真切。意气:指任安来信的词义和语气。勤勤恳恳:诚挚恳切。⑥ 『若望』三句:意思是说如果您埋怨我没能听从您的指教,反而听从世俗人的言辞说法,我实在不敢这样做。若:好像。望:埋怨。仆:我。不相师:不听从指教。用:这里是听从的意思。⑦ 罢(pí)驽:自比疲弱不堪的驽马。侧闻:在旁边听说过。长者:品德、气度兼有,被众人敬爱的人。⑧ 顾:只是。身残:指受了宫刑,身体残缺。处秽:处于被人轻视的污秽地位。⑨ 动而见尤:意思是说自己

古文觀止 卷五 漢文一

行動容易受人指責。見尤，被指責。尤，過錯。⑩欲益反損：意思是說原本想要做點好事反而會搞壞事情。益，增加；損，損壞。⑪誰與語：向誰訴說。⑫『誰為』二句：為誰去做呢，有誰來聽呢。孰：誰。⑬『蓋鍾子期』二句：鍾子期、伯牙都是春秋時楚人。伯牙善彈琴，鍾子期最能領略他的琴音，鍾子期死後，伯牙就毀掉了他的琴，終身不再鼓琴。司馬遷借此說明自己不遇知音的痛苦之情。⑭何則：為什麼呢？⑮『士為知己』二句：意思是說士人要為了解自己的人效力，女子要為喜歡自己的人妝扮自己的容貌。說（yuè）：同『悅』。⑯『若僕』句：意思是說像我這樣的人身體已經殘缺了。大質：大本，即身體。因為身體是人千一切事業的根本，所以被稱為大本。⑰隨、和：隨侯珠與和氏璧的合稱，二者都是戰國時最貴重的寶物。這裡比喻美好的才德。⑱行若由、夷：意思是說德行像許由、伯夷一樣。許由、伯夷都是古代被推崇為品德高尚的人。⑲自點：自取其辱。點，通『玷』，污辱。⑳書辭宜答：你的信本來早就應該回覆的。㉑『會東』五句：這五句說，恰逢我跟隨皇帝東巡回來，忙於卑賤瑣碎的事務，彼此見面的時間很少，匆匆忙忙沒有片刻的閒暇時間讓我得以詳細地對您傾訴我內心的想法。會：適逢，恰好碰上。從上：跟從皇上。上，指漢武帝。東從上來：跟隨皇帝從東方歸來。迫：緊迫。賤事：指自己所擔任的煩瑣事務。是自謙之詞。日淺：指日子少。卒（cù）卒：通『猝猝』，急切匆忙的樣子。須臾：片刻，形容時間短。閒：空閒、閒暇。㉒不測之罪：這裡指死刑，是委婉的說法。㉓涉旬月：意思是再過這個月的下旬。涉，經過；旬月，滿月；旬，滿。㉔迫季冬：到了最危迫的冬季。漢律於十二月處決囚犯。迫，臨近，接近；季冬，十二月。㉕薄（bó）從上雍：臨近時日要跟從皇帝到雍去。薄，迫近、臨近；從，跟從、跟隨；上，皇上；雍，地名，在今陝西鳳翔縣南，皇帝祭祀的地方。㉖恐：恐怕。卒

㉖（cù）然⋯⋯突然。不可为讳⋯⋯不可避讳的事，这里是委婉地表达任安恐怕要受刑而死的意思。㉗「是仆」三句⋯⋯意思是说这样我将永远也不能向您抒发自己的愤懑之情，使您与世长辞的灵魂，抱恨无穷。晓⋯⋯明确告知。左右⋯⋯指任安。与称「足下」意思相近。长逝者⋯⋯死者，指任安。据记载，任安在不久后得到汉武帝的赦免，但两年以后又获罪被处腰斩。魂魄⋯⋯这里指人的精神。私恨⋯⋯私下的遗憾。㉘略陈固陋⋯⋯简略地陈述鄙陋的意见。固陋，褊狭浅陋的意见，这里是谦词。㉙「阙然」二句⋯⋯意思是说很久没有回复您的信，请不要责怪我的过失。阙然⋯⋯日子过了好久的意思。报⋯⋯答复。为过⋯⋯当做我的过失。㉚智之符⋯⋯智慧的象征。㉛端⋯⋯开端。㉜「取予」二句⋯⋯对取舍谨慎，是义的表现。决⋯⋯标准。㉝「耻辱」二句⋯⋯以外来的侮辱为耻是断定一个人是否勇敢的标准。㉞「立名」二句⋯⋯树立名节，这是品行能够达到的最终目标。行⋯⋯德行。㉟「故祸」句⋯⋯所以祸患没有比贪求私利更悲惨的。憯（cǎn）⋯⋯惨痛。欲利⋯⋯欲有所利。㊱辱先⋯⋯辱没先人。㊲诟（gòu）⋯⋯耻辱，侮辱。㊳「刑馀」四句⋯⋯这四句是说自己因有所爱利而受祸。受过宫刑还活下来的人，地位无法跟任何人相比，这并不是这个时代的事情，很久以来就已经是这样的。刑馀⋯⋯受过宫刑。无所比数⋯⋯无法和同类人相比较。从来远矣⋯⋯很久以来就是这样的。㊴卫灵公⋯⋯卫国国君，公元前534年至前493年在位。载⋯⋯乘车。适⋯⋯到、往。㊵「商鞅」二句⋯⋯这二句说，商鞅因为通过宦官景监的引见被国君重用，贤人赵良为他担心不已。赵良⋯⋯秦国的贤士，他担心商鞅投靠宦官会招来不好的名声乃至祸害，劝其隐退。㊶「同子」二句⋯⋯这二句说，宦官赵谈与汉文帝一起坐车，大臣袁丝言辞劝阻。同子⋯⋯指被汉文帝宠爱的宦官赵谈。子，是尊称。参（cān）乘⋯⋯古时乘车时陪坐在车子右边的人。袁丝⋯⋯名盎（ang），别号丝。变色⋯⋯指面色改变。㊷中材⋯⋯才能一般。㊸事有关于宦竖⋯⋯意思是有了与宦官有牵连的

事。竖，宫廷里供役使的小臣。㊹伤气：灰心丧气。这里是说普通人士都耻于与宦竖来往。㊺『如今』二句：意思是说现在朝廷虽然缺乏人才，但怎么能让受过宫刑的人去推荐天下的豪杰俊才啊！乏人：缺乏人才。刀锯之馀：和『刑馀之人』意义相同，这里是作者自指。㊻先人绪业：祖先的遗业。司马迁的先祖世代任史官，他也继任父亲司马谈的职位当上太史令。绪业，遗业。㊼待罪：供职，谦词。辇毂(miǎngǔ)：皇帝的车驾，这里指皇帝的身边。㊽所以自惟：以此进行自我深思。㊾『上之』三句：意思是说往上我们不能进谏忠言献上良策，得到有卓才大略的声誉，以此来结识皇上。纳、效：都是『献』的意思。奇策材力：指卓越的策略，杰出的能力。㊿拾遗补阙：拾起遗漏的工作，弥补欠缺的小事，是谦言。㈤显岩穴之士：使隐士显荣。指为朝廷举荐人才。岩穴之士，指隐居山林的贤士。㈥备行伍：充数于军队之列。行伍，古代军队的编制，五人为伍，二十五人为行。㈦寋(qiān)：拔取。㈧无一遂(suì)：没有一件事情做到。遂，成，这里是做到的意思。㈨苟合取容：以苟合的态度来求得皇帝的收容。㈩无所短长之效：等于说，无尺寸之功。㈤『向者』句：意思是说从前我也曾经混杂于下大夫的行列。向者：当初，从前。厕：混杂其中，是谦词。下大夫：汉代沿用古制，分大夫为上、中、下三等，太史令属下大夫。㈧外廷：汉代把朝廷官员分为外朝官（丞相以下至官俸六百石）和中朝官（大司马、侍中等），前者为外廷，后者叫内廷。太史令属于外朝官。末议：发表细微的议论，是谦虚的说法。㈨引纲维，尽思虑见解。㈩『今已』五句：这五句说，现在我已是刑馀之人，打扫庭院的奴仆，地位卑贱，竟然想昂首扬眉，议论朝政是非，不是太小看朝廷，使当代士人受到羞辱吗？亏形：形体有所亏损。扫除之隶：打扫庭院的仆隶。阘茸(tàróng)：卑贱。㈥尚何言哉：还可以说些什么呢？㈧本

末：原原本本。明：说清楚。㊿『仆少负』句：意思是说年轻时缺乏不受羁绊的才能。负：亏欠、缺乏。不羁：不受约束。㊿乡曲之誉：乡里的称誉。㊿奏薄伎：献上小技。奏，进、献；薄伎，浅薄的才能，谦词。㊿周卫：指宫禁，宫廷中有周密的警卫。㊿『仆以为』六句：意思是说我以为头上戴了盆子怎么能够望天，所以断绝与宾客的交游，忘掉家里的私事，日夜苦思竭尽自己拙劣的才能，一心一意地努力做好本职工作，以期望得到皇上的亲近。知：相好，知遇。亡：忘记。不肖：没有出息，谦虚的说法。㊿大谬不然：非常大的错误，不是原来想的那样。㊿俱居门下：司马迁与李陵俱官『侍中』（官署名）内，故说『俱居门下』。㊿趋舍异路：意思是说两个人的进退和道路都不相同。比喻二人志趣所在不同。趋舍，进退。㊿素非能相善：平常并没有机会能够相好结交。素，平常；相善，相处友好亲近。㊿自守：自己严持节操的奇特人物。㊿临财廉：处理钱财非常廉洁公正。㊿分别有让：能分别尊卑长幼，有谦让之礼。㊿国士：国内值得推崇的贤才。㊿『而全躯』三句：意思是说那些只顾保全自我和妻子儿女的臣子，随即夸大他的过失，我私底下感到非常痛心。全，保全自我。媒蘖(niè)其短：扭曲夸大李陵的过失。媒蘖，酒曲，引申为酿成的意思。这里有夸大的意味。短，过失。㊿提：率领。㊿深践：深入。戎马之地：战地、战场。㊿历：到达。王庭：指匈奴君主单于的住地。㊿横挑强胡：纵横挑战力量强大的匈奴人。㊿仰：仰对。李陵对敌形势为仰攻。亿万：形容非常多。当，相抵，相等。㊿不给：来不及。㊿旃(zhān)裘：毛毡和皮袄，匈奴人的用品，用来代指匈奴。咸：都。震怖：震惊恐惧。㊿左右贤王：指匈奴的左贤王和右贤王，是单于手下的最高指挥官。㊿如积：堆积成堆。㊿沫(huì)血：以血洗面，即血流满面。沫，同『靧(huì)』，洗杀匈奴人数超过了汉军被杀的人数。当，相抵，相等。㊿所杀过当(dàng)：所

古文觀止 卷五 漢文一

面。飲泣：悲痛哭泣。⑧更張空弮(quān)：再次拉起沒有箭的弓。空弮，沒有箭的弓。⑧⑨冒白刃：冒着雪亮白光的刀刃。⑨⑩北向：向着北方。⑨①沒：覆沒。爭死敵：爭着和敵人拼命。⑨②奉觴(shāng)上壽：舉起斟滿的酒杯向皇帝祝壽。這是為了預祝勝利。⑨③慘愴怛(dá)悼：悲傷痛心。⑨④款款：忠誠的樣子。⑨⑤「以為」句：意思是說我認為李陵向來和部下同甘共苦。士大夫：指李陵的部下。絕甘分少：自己不吃甘美的食物，把少量的物品分發他人。⑨⑥彼觀：即觀彼。⑨⑦得其當而報於漢：得到恰當的機會來報效漢朝。⑨⑧暴(pú)：暴露。⑨⑨適會：恰好遇到。⑩⑩指：通「旨」，要旨。⑩①推言：陳述。⑩②廣：寬解。⑩③塞睚眥(yázì)：暴毀、誹謗。⑩④沮貳師：詆毀貳師將軍李廣利。沮，詆毀。貳師將軍：李廣利在武帝太初元年(前104)曾被派到大宛國的貳師城奪取良馬，所以受封為貳師將軍，他是武帝寵妃李夫人的哥哥，此次攻打匈奴本是主力，李陵只帶五千兵馬協助作戰，在李陵遭遇匈奴主力時李廣利卻按兵不動，司馬遷挺身為李陵辯護，被漢武帝認為他是蓄意詆毀李廣利。⑩⑤下：下獄。⑩⑥自列：自我陳述。⑩⑦「因為」二句：於是被認為毀謗皇上，最後皇上聽從了司法官的判決。誣：詆毀。吏議：司法官所判決的罪名。⑩⑧貨賂：即財貨。自贖：漢代法律規定，可以用錢贖罪。⑩⑨圖圄(língyǔ)：監獄。⑩⑩「此真」二句：這真是少卿您親眼見的，我的遭遇難道不是這樣嗎？⑩①佴：置，身處。蠶室：當時受過宮刑的人居住在保溫的房間裏，像養蠶的房間一樣，因此被稱為蠶室。⑩②重(zhòng)：深深地。觀笑：在旁看笑話。⑩③「事未易」句：意思是說事情不容易向世人原原本本地說明啊。⑩④「仆之先」句：我的祖先，沒有立下可以使子孫免罪的偉大功勳。剖符：被一分為二的信符，皇帝與受賜大臣各執一半，上面寫有需要信守的誓詞。丹書：用鐵製

雪堂客话图 宋·夏圭

此图画的是江南雪景。构图采用「一角」的形式，笔法苍劲浑厚，画山石用小斧劈皴和短线条秃笔直皴，从而使得画面方硬奇峭、水墨苍润的效果。由此可见，其画风与马远风格有相同之处，故能并称『马夏』。作者在用笔时刚劲而趋于含蓄，这一特点在此幅作品中表现的比较明显。

成券契，用丹色书写盟誓之词于契上。汉初规定，凡受剖符丹书的，他的后人有罪可以赦免。这是汉代对于有功大臣的特殊待遇。

⑮『文史』句：掌管文史资料和天文历法，是近乎占卜和祭祀之类的官。文史星历：指文献、史籍、天文、历法，都是太史令职掌的事。卜祝：占卜和祭祀。

⑯『固主上』三句：意思是这本来只不过是被国君戏弄，像乐工伶人一样养起来，被世俗之人看不起的职务。固：本来。倡优所畜：像倡优一样地养起来。畜，豢养、圈养；倡，以音乐供人娱乐的人；优，以戏谑供人娱乐的人。流俗：这里指世俗之人。

⑰『而世俗』四句：这四句说，而世俗之人又不能把我跟死于名节的人相比，只认为我智虑穷尽罪恶极大，最后自己赴死。死节者：死于名节的人。比：比并，同等看待。特以为：只以为。特，只是。智穷罪极：智虑穷尽而罪恶极大。卒：终于、最终。趣，通『趋』；异，不同。

⑲用之所趣异：因为死亡的目的不一样。用，因为；趣，自身。

⑳太上：最上，最重要。不辱先：不使祖先受辱。

㉑身：自身。

㉒不辱理色：不被别人的道理、脸色所侮辱。

㉓诎（qū）体：身体被捆绑住。诎，同『屈』。

㉔易服：

换上囚服。易：更换。⑫关木索：戴上刑具。木索，木枷和绳索。被……受。棰（chuí）楚，刑杖，木棍；楚，荆条。⑯剔毛发：把头发剃光，古代称作髡刑。婴金铁：颈上戴着铁圈，古代称作钳刑。婴，环绕。⑰腐刑：宫刑。极矣：到了极致。⑱这句话的意思是说，《礼记》说：『刑法不能加在士大夫身上。』传：古文经书。⑲『此言』句：意思是这是说士大夫不能不勉励自己的气节操守。士节：士大夫的气节。⑳槛（jiàn）：用来关野兽的笼子。阱（jǐng）：用来捕捉野兽的陷阱。㉑『积威』句：这是长期地施加威力，进行约束，使它逐渐驯服的结果。积：日积月累。约：约束，束缚。渐：逐步，逐渐。㉒『故士』五句：士人的气概，即使在地上画个范围当做牢狱，也决不走进去；即使刻个木头人当做法官，士人也不和他对案受审。而是早就为了避免受辱，做好了在入狱之前自杀的打算。鲜：新，这里引申为『早』的意思，表示态度鲜明，心中早有打算。㉓『今交』五句：如今手足交叉，戴上木枷，暴露肌肤，遭受杖打，深深囚禁在监牢之中。交：被捆绑。木索：木枷和绳索。暴：同『曝』，受刑的人被剥去衣服，暴露肌肉以受刑。榜：杖打，捶打。圜（huán）墙，围墙，这里指监狱。㉔头抢地：以头磕地，即叩头求饶。㉕徒隶：狱卒。心惕息：心中害怕，气息急促。㉖『积威约』句：这是长期被威势所制约造成的。威约：为威势所制约。㉗『及以』四句：等到到了这步田地，还说自己不受辱，这就是人常说的厚脸皮了，还有什么值得尊贵的呢。及以：同『已』。强（qiǎng）颜：厚着脸皮。曷：通『何』，什么。㉘西伯：指文王姬昌，为西方诸侯的首领。伯：方伯，一方诸侯之长。拘于羑（yǒu）里：被囚系于羑里（今河南汤阴）。㉙『李斯』三句：这三句说，李斯是秦国的丞相，先后受尽了五种残酷的刑法。李斯：秦始皇时任丞相。具于五刑：指受尽五种残酷的刑法。具，受尽。五刑，指黥剠（割鼻子），斩左右趾，笞杀之（打杀），枭其首（斩首），菹（zū）其骨肉（剁成肉酱），是极其严酷的刑罚。⑭『淮阴』三句：这三句说，淮阴侯韩信，被封为楚王，在陈地戴上了手铐脚链。淮阴：指韩信，他曾被封为淮阴侯。受械于陈：刘邦打败项羽以后，封韩信为楚王。后来有人向刘邦告他谋反，刘邦假托要游云梦，通知诸侯到陈（下邳、陈皆楚地）聚会，在陈地逮捕了他，押解到洛阳，赦免其罪，降为淮阴侯。械，手铐脚镣一类的刑具。⑭『彭越』三句：这三句说，彭越、张敖，有王侯之尊，却被关入监狱相抵罪过。彭越：本是项羽部下，后来投降刘邦，被封为梁王。后因有人告发他谋反，被灭三族。张敖：刘邦的功臣张耳之子，袭封赵王，因有人向刘邦诬告他谋反而被囚。南面称孤：这里指他们有王侯之尊。孤，战国间侯王自称之词。系狱：被逮入狱。⑭『绛侯』三句：这三句说，绛侯周勃诛灭吕氏家族，权势压倒五霸，却被囚禁在请室。绛侯：指周勃，在辅助刘邦打天下期间立下军功，被封为绛侯。诛诸吕：刘邦的皇后吕后的亲族吕家兄弟吕禄、吕产、吕台在朝专政，并吕后死后进行谋反，周勃与陈平诛灭了吕氏家族，迎立刘恒做皇帝。倾：压倒。五伯：指春秋五霸。囚于请室：指周勃被人诬告谋反，被囚于监狱。请室，官署名，是设有囚禁官吏的特别监狱。⑭『魏其（二）』四句：这四句说，魏其将军窦婴，是大将军，后来却穿上了囚服，脖子上、手上、脚上都戴上了木枷。魏其：指窦婴，汉景帝时的大将军窦婴，因讨伐逆臣立下大功被封为魏其侯，后来被丞相田蚡诬陷，被处死。衣（yì）：穿着。赭（zhě）衣：囚服，犯人穿的红色衣服。关：套上。三木：加在头部、手和脚三处的刑具。⑭季布：原本是项羽的将领，曾经使刘邦受困多次。刘邦打下江山后，悬重金搜捕他。于是他藏在濮阳周氏家，周氏为帮助他躲避搜捕，给他剃去头发，以铁圈束颈，卖给鲁国人朱家做戴枷奴仆。朱家劝汝阳侯夏侯婴去说服刘邦赦免季布，刘邦拜他做郎中，以后又做了河南太守。钳：以铁圈束颈。⑭灌夫：汉景帝时任中

古文觀止 卷五 漢文一

郎將，漢武帝時任太仆，和竇嬰交情很好。受辱于居室：丞相田蚡迎娶夫人，宗室大臣都去祝賀，灌夫因為有些人不尊敬竇嬰，就裝醉罵人，被田蚡囚在在居室。居室，官署名，用來囚禁官員的地方。⑭⑥『此人』五句：意思是說這些人都位至王侯將相，名聲遠揚鄰國，等到降罪處罰，不能下決心自殺，結果落入獄中。罔：同『網』，法網。罔加：指法律條文加身。引決：下定決心。自裁：自殺。塵埃之中：這裡指監獄。⑭⑦一體：一致。⑭⑧勇怯，勢也：勇敢或是怯弱是在權力地位的對比中形成的。勢，指權力地位。⑭⑨強弱，形也：強大和弱小是在通過具體情況表現出來的。形，具體表現。⑮⑩審矣：是很明白了。⑮①『夫人』五句說，人不能自殺來逃避法律制裁，志氣在逐漸衰頹，等到快要受刑之際，才想到要保住名節而自殺，這不是已經很晚了嗎？自裁：自殺。繩墨之外：法律制裁沒有實施之前。外，前。以稍陵遲：已經漸漸衰頹。以，同『已』。鞭棰之際：受刑之際。引節：死于氣節。遠：晚。⑮②『古人』二句：古人之所以對士大夫慎重施刑，原因大概就在這裡吧。重：慎重地考慮。殆(dài)：大概。⑮③『乃有所』句：那是因為有不得已之處。⑮④『少卿』句：少卿您看我對妻子兒女還有什麼挂念呢？⑮⑤『且勇者』三句：這三句說，況且勇敢的人沒有必要為名節而死，怯懦的人仰慕道義，還有什麼地方不可以勉勵自己（為氣節而死）呢。死節：為氣節而死而死。慕義：仰慕道義。⑮⑥『僕雖』三句：意思是說我雖然膽怯懦弱，想苟活下去，也非常明白舍生就義的道理，為什麼到了自己下獄和受辱的地步呢。去就之分（fēn）：舍生就義的道理。縲紲（léixiè）：用來捆綁犯人的大繩長繩。縲，大繩；紲，長繩。縲紲之辱：指受到被關監獄的侮辱。⑮⑦且夫：況且。臧（zāng）獲：中國古代對奴婢的賤稱。⑮⑧『所以』五句：這五句說，我所以默默忍受，苟且偷生，囚禁在像糞土一樣骯髒的環境中而不拒絕苟活，是遺憾內心的願望沒有完全實現，死後我的著作不能傳于後世啊。幽：囚禁。

粪土之中：与上文所说『尘埃之中』意思相同，都是指监狱这样的肮脏污浊之地。私心有所不尽：自己内心想做的事没有实现。没世：死了之后。文采：指人的辞采、才华。⑮偶傥(tìtǎng)：潇洒、卓越。称焉：著称于后世。⑯文王拘而演《周易》：周文王囚于羑里时，推演出《周易》六十四卦。演，推演。⑯厄：困厄、苦难。《春秋》：春秋时期鲁国的编年体史书。⑯左丘：左丘明，春秋时期鲁国的史官。⑯屈原：战国时期楚国大诗人。《离骚》：抒情长诗，为屈原所作。《国语》：西周末至春秋时期周、鲁、齐、晋、郑、楚、吴、越八国的国别史，相传为左丘明所作。⑯孙子：指孙膑，是战国时的大军事家。据说他的同学庞涓因为妒忌他的才能，把他骗到魏国挖去他的膝盖骨。膑(bìn)：挖去膝盖骨，是古代酷刑的一种。修列：编写完成。⑯不韦：指吕不韦，是战国末期的大商人，曾在秦始皇初年担任相国，但后来因罪免职，被贬至蜀，在中途自杀。《吕览》：即《吕氏春秋》，是在吕不韦担任丞相时，他的门客所著。⑯韩非：韩国的公子，战国时期法家的代表，后来到秦国去被李斯谗害，下狱而死。《说难》、《孤愤》都是《韩非子》中的篇名。⑯《诗》：指《诗经》，我国最早的诗歌总集，收录了西周初年至春秋前期的诗歌，共三百零五篇。大氐(dǐ)：大都是。氐，同『抵』。⑯思垂空文以自见：意思是希望留下这些文章来表现自己的才能和主张。垂，流传下来。空文，与具体实际的业绩相对而言。自见，表露自己，见，同『现』。⑯无能之辞：不通的文字，谦词。⑰放失：遗散、遗失。⑰综其终始：综合它的起因和结果。⑰『稽其』句：考察它们的成功失败和兴起衰亡的规律。稽：考察、考量。兴坏：兴起和衰亡。纪：纲纪，规律。⑰『上计』二句：意思是说上从轩辕黄帝写起，下至现今。轩辕：黄帝，古代传说中的君王。兹：现在，此时。⑰天人之际：天道和人事之间的关系。⑰古今之变：由古到今的变革。⑰『草创』四句：意思是说草稿还没有完成，恰巧遭遇

古文觀止　卷五　汉文一　二六五

这场大祸，因为惋惜这部书不能够完成，所以受到侮辱至极的刑罚心里也没怨恨。会……遭遇。惜……惋惜、悲痛。极刑……污辱到了顶点的刑罚，这里指宫刑。愠（yùn）色……怨恨之色。⑰『传之』二句……传给后来志同道合的人，能把自己的书留传给他的人。通邑……通都大邑，指大城市。⑱『则仆』句……意思是说那我就偿还了之前的屈辱旧债。偿……偿还。责……通『债』。⑲『且负下』二句……意思是说背负罪名的人不容易立足过活，地位卑贱的人容易遭到诽谤非议。负下……负罪之下。居……过活。下流……水的下流，这里指地位卑贱的人。多谤议……容易受到诽谤，成为人们讥笑的对象。⑳『重为』句……意思是说深深地被乡里的众人所耻笑。重……深深地。乡党……乡里的众人。戮笑……耻笑。㉑『亦何』句……又有什么脸面再上父母的坟墓呢。㉒『虽累（lěi）』二句……这二句说，即使过了百代，蒙受的耻辱也会更加厉害。虽……即使。累百世……过了百代。垢……蒙受的耻辱。㉓九回……翻来覆去不停地回荡。忽忽若有所亡……恍恍惚惚像失魂落魄了一样。㉔直为闺阁之臣，宦官。㉕『宁得』句……意思是说又怎么能自己隐退于深山，藏匿着过清高隐居的生活呢。闺阁，本指宫中小门，这里代指宫廷内深密的地方。㉖与时俯仰以通其狂惑……从而宣泄内心极度的愤慨和惑乱。狂惑，内心的悲愤和惑乱。㉗『无乃』句……意思是说那不是和我的想法大相径庭吗？私心……自己的想法。剌（lá）谬……违背。㉘曼辞……美好的言辞。㉙要之……总之。㉚『书不能』二句……意思是说信中不能完全表达我的意思，只是略微陈述一些浅陋的想法。悉意……完全表达自己心中的想法。固陋……固塞浅陋的意见，是自谦的说法。

卷六 汉文二

高帝求贤诏① 刘邦

作者简介

刘邦（前256~前195），秦末沛县丰邑（今江苏徐州市丰县）人。即汉高祖，字季。西汉王朝开国皇帝。公元前202年至前195年在位。起初任泗水亭长。秦二世元年（前209），起兵响应陈涉、吴广起义，号为沛公。曾属项梁，后与项羽分兵入关破秦。公元前206年，刘邦首先进入关中要地，秦朝灭亡，然后与项羽展开长达五年的战争，公元前202年卒败项羽，即皇帝位，建立汉朝。前202年2月28日即皇帝位，建都长安。登基后，一面平定诸侯王的叛乱，一面建章立制并采用休养生息之宽松政策治理天下，迅速恢复生产发展经济，不仅安抚了人民，也促成了汉代雍容大度的文化基础。他对汉民族的统一、中国的统一强大，以及汉文化的保护发扬有决定性的贡献。所著《大风歌》，被世人传诵。

原文

盖闻王者莫高于周文，②伯者莫高于齐桓，③皆待贤人而成名。今天下贤者、智能，岂特古之人乎？④患在人主不交故也，士奚由进！⑤今吾以天之灵、贤士大夫定有天下，⑥以为一家，欲其长久，世世奉宗庙亡绝也。⑦贤人已与我共平之矣，⑧而不与吾共安利之，可乎？⑨贤士大夫有肯从我游者，吾能尊显之。⑩布告天下，使明知朕意。御史大夫昌下相国，⑪相国酂侯下诸侯王，⑫御史中执法下郡守。⑬其有意称明德者，⑭必

古文观止 卷六 汉文二

选自《汉书》卷一下

身劝，为之驾，遣诣相国府，⑯署行、义、年。⑰有而弗言，觉，免。⑱老年癃病，⑲勿遣。

注释

① 求贤：征求贤才。
② 周文：指周文王，姬昌，本是商朝末期的诸侯，后来任用姜子牙等人以强大周国，为周武王灭商建立周王朝奠定了基础。③『伯者』句：意思是称霸的人中没有谁胜过齐桓公。伯：同『霸』，指春秋称霸的诸侯。齐桓：即齐桓公，春秋时期的第一个霸主。④『今天下』二句：意思是说当今的贤才和智者也有才能，难道只有古人才有吗？岂特：难道只有。⑤ 士奚由进：读书人通过什么途径进入官场。士，指读书人。奚由，从何，通过什么途径。⑥ 以天之灵：靠上天的英灵。⑦ 宗庙：天子祭祀的地方，象征国家。亡：通『无』，没有。⑧ 平：平定。⑨『而不』二句：意思是说却不和我共同享受安宁和利益，这样可以吗？⑩ 尊显：使……显得尊贵和显赫。⑪ 昌：即周昌。下：下达。相国：即丞相。⑫ 鄌（zàn）侯：指萧何。随刘邦起义的功臣，被封为鄌侯。⑬ 中执法：即御史中丞，地位仅次于御史大夫。郡守：太守。⑭『其有』句：意思是说如果有名声与美德相称的人。意：美好的名称。称：与……相称。明德：美好的品德。⑮『必身劝』二句：意思是说应该亲自前去劝勉，并为他赶车。身：亲自。驾：驾车。⑯ 遣诣：送到。指萧何。⑰ 署行、义、年：记录他的行状、容貌和年龄。署，记录，写下。行，事迹。义，同『仪』，仪表、外貌。⑱ 觉，免……一旦发现，立刻免职。⑲ 癃（lóng）……腰弯背驼，这里泛指残疾。

二六八

文帝议佐百姓诏① 刘恒

作者简介

刘恒（前202~前157），即汉文帝，汉高祖之子。公元前180年至前157年在位。前196年刘邦镇压陈豨叛乱后，封刘恒为代王。高祖死后，吕后专权，诸吕掌握了朝廷军政大权。前180年，吕后一死，太尉周勃、丞相陈平等大臣把诸吕一网打尽，迎立代王刘恒入京为帝，是为汉文帝。文帝以俭约节欲自持，是个谦逊克己的君主。他好黄老之学，在位二十三年，对稳定汉初封建统治秩序，恢复利发展经济，起了重要作用。文帝与其子景帝的两代统治，历来被视为盛世，史称『文景之治』。其庙号太宗，谥号孝文皇帝，葬于霸陵。《史记》、《汉书》有纪。

原文

间者，数年比不登，②又有水旱疾疫之灾，朕甚忧之。愚而不明，未达其咎。意者，③朕之政有所失，而行有过与？乃天道有不顺，地利或不得，人事多失和，鬼神废不享与？④何以致此？将百官之奉养或费，⑤无用之事或多与？何其民食之寡乏也？⑥夫度田非益寡，而计民未加益，⑦以口量地，⑧其于古犹有余，而食之甚不足者，其咎安在？⑨无乃百姓之从事于末，以害农者蕃，⑩为酒醪以靡谷者多，六畜之食焉者众与？⑪细大之义，吾未能得其中，其与丞相、列侯、吏二千石、博士议之。⑫有可以佐百姓者，率意远思，无有所隐！⑬

选自《汉书》卷四

长江万里图（部分） 宋·夏圭

夏圭的山水画师法李唐，此图描绘了长江水浪翻滚奔腾的情景。画面以刚性的线条，坚硬的石质，水墨淋漓。近景浓重，远景简练。笔法苍润而草率，画山石多用大斧劈皴，刚猛而劲利。急流江水用中锋勾出，表现出船在江河里航行的险境。

注释

① 佐……帮助。② 间……近来。比（bǐ）……连续、接连。不登……粮食歉收。登，庄稼成熟。③ 未达其咎……没有能够明白过错在哪里。咎，过错。④ 意……猜想。⑤ 废不享……废除鬼神不对其进行祭祀。废，废除；享，鬼神享受祭品，享，通"飨"。⑥ 费……浪费。⑦ "夫度（duó）田"句……意思是说丈量田地并没有日益减少。度，丈量、测量。益寡……渐渐减少。⑧ 而计民未加益……意思是说统计到的人口并没有增加。计民，统计人口；益，增加。⑨ 以口量地……用人口来计算土地。⑩ "而食之"二句……这里指粮食乏，其中的过错在哪里呢？食……这里指粮食。咎……过错。⑪ "无乃"二句……意思是说难道是百姓从事工商业而妨害农业的人很多了？无乃……难道是。末……指工商业。蕃……众多、繁多。⑫ "为酒醪多了吗？醪……汁滓混合的酒，浊酒。靡（mí）谷……浪费粮食。靡（mí），浪费。六畜……指马、牛、羊、鸡、狗、猪。食（sì）"饲"，喂养。⑬ "细大"二句……这二句的意思是说，这些大大小小的道理，我没能找到最确切的原因。细大……大大小小的。中（zhòng）……最确

武帝求茂材异等诏①

刘彻

作者简介

刘彻（前156~前87），即汉武帝。汉景帝之子。公元前140年至前87年在位。在位期间，采用『罢黜百家，独尊儒术』，用法术刑名，颁行『推恩令』，削割据势力，官营盐铁贸易，平抑物价，治理黄河，兴修水利，移民屯边，行『代田法』；派张骞等出使西域，任用卫青、霍去病等大破匈奴；设郡县于云南、贵州，将汉朝推向全盛时期。但迷信神仙，大兴土木，徭役繁重，连年用兵，农民大量破产流亡，人口减半。自建元至后元改元十一次，为帝王中有年号之始。《汉书》有纪。

原文

盖有非常之功，必待非常之人。故马或奔踶而致千里，②士或有负俗之累而立功名。③夫泛驾之马，④跅弛之士，⑤亦在御而已。⑥其令州郡察吏民有茂材异等可为将相及使绝国者。⑦

选自《汉书》卷六

古文觀止 卷六 漢文二

過秦論①（上）
賈誼

【注釋】

① 茂材：優秀的人才。② 奔踶(tì)：這裡指駿馬飛奔馳騁，立則踢人。奔，馳。踶，踢。③『士或有』句：意思是說有的士人有遭到世俗之人的譏諷的憂患，卻可以建立功名。負俗：指不能適應世俗，受人譏諷。累：憂患。④ 泛駕：翻車，指難以駕馭的烈馬。泛，通『覂(fěng)』，翻，覆。⑤ 跅(tuò)弛：放蕩，不約束自己的行為。跅，放蕩。⑥ 御：駕馭。⑦『其令』句：意思是說我命令各個州郡長官考察舉薦官吏百姓中具有才能，出類拔萃，能夠擔任將相以及可以出使到極其遙遠的國家去的人才。其：表示命令的語氣詞。州：漢武帝在全國設立了十三個大的監察區，稱為州。州的最高長官稱為刺史。察：考察舉薦。茂材異等：極為優秀、出類拔萃的人才。絕國：極其遙遠的國家。

【作者簡介】

賈誼（前200~前168），雒陽（今河南洛陽）人。西漢初年著名的政論家、文學家。十八歲即有才名，年輕時由河南郡守吳公推薦，二十餘歲被文帝召為博士。不到一年被破格提為太中大夫。但是在二十三歲時，因遭群臣忌恨，被貶為長沙王的太傅。後被召回長安，為梁懷王太傅。梁懷王墜馬而死後，賈誼深自歉疚，直至33歲憂傷而死。他的政治論文如《過秦論》、《論積貯疏》、《陳政事疏》等都很有名，辭賦以《吊屈原賦》、《鵩鳥賦》最著名。

古文观止 卷六 汉文二

原文

秦孝公据崤函之固,②拥雍州之地,③君臣固守,以窥周室,④有席卷天下、包举宇内、囊括四海之意,并吞八荒之心。⑤当是时也,商君佐之,⑥内立法度,务耕织,修守战之具;外连衡而斗诸侯。⑦于是秦人拱手而取西河之外。⑧

孝公既没,⑨惠文、武、昭蒙故业,因遗策,南取汉中,西举巴蜀,⑩东割膏腴之地,收要害之郡。诸侯恐惧,会盟而谋弱秦,⑫不爱珍器、重宝、肥饶之地,以致天下之士,⑬合从缔交,⑭相与为一,⑮当此之时,齐有孟尝,赵有平原,楚有春申,魏有信陵。⑯此四君者,皆明智而忠信,宽厚而爱人,尊贤而重士,约从离横,⑰兼韩、魏、燕、赵、宋、卫、中山之众。⑱于是六国之士,有宁越、徐尚、苏秦、杜赫之属为之谋;⑲齐明、周最、陈轸、召滑、楼缓、翟景、苏厉、乐毅之徒通其意;⑳吴起、孙膑、带佗、兒良、王廖、田忌、廉颇、赵奢之伦制其兵。㉑尝以十倍之地,百万之众,叩关而攻秦。㉒秦人开关而延敌,㉓九国之师遁逃而不敢进。㉔秦无亡矢遗镞之费,㉕而天下诸侯已困矣。于是从散约解,争割地而赂秦。秦有余力而制其弊,㉖追亡逐北,㉗伏尸百万,流血漂橹。㉘因利乘便,㉙宰割天下,㉚分裂河山。强国请服,弱国入朝。㉛

及至始皇,奋六世之余烈,㉜振长策而御宇内,㉝吞二周而亡诸侯,㉞履至尊而制六合,㉟执敲朴以鞭笞天下,㊱威振四海。南取百越之地,㊲以为桂林、象郡;㊳百越之君,俯首系颈,委命下吏。㊴乃使蒙恬北筑长城而守藩篱,却匈奴七百余里。㊵胡人不敢南下而牧马,士不敢弯弓而报怨。㊶于是废先王之道,燔百家之言,㊷以愚黔首;㊸隳名城,㊹杀豪俊,收天下之兵聚之咸阳,㊺销锋镝,㊻铸以为金人十二,㊼以弱天下之民。

㊶然后践华为城，㊷因河为池，据亿丈之城，临不测之溪以为固。良将劲弩，守要害之处；信臣精卒，陈利兵而谁何。㊸天下已定，始皇之心，自以为关中之固，金城千里，子孙帝王万世之业也。始皇既没，余威震于殊俗。㊹然而陈涉，瓮牖绳枢之子，㊺氓隶之人，㊻而迁徙之徒也；材能不及中庸，㊼非有仲尼、墨翟之贤，陶朱、猗顿之富；㊽蹑足行伍之间，㊾而俛起阡陌之中，㊿率罢弊之卒，(51)将数百之众，(52)转而攻秦。斩木为兵，(53)揭竿为旗，(54)天下云集而响应，赢粮而景从，(55)山东豪俊遂并起而亡秦族矣。

(56)且夫天下非小弱也，雍州之地，殽函之固，自若也；(57)陈涉之位非尊于齐、楚、燕、赵、韩、魏、宋、卫、中山之君也；锄、耰、棘矜，非铦于钩、戟、长铩也；(58)谪戍之众，非抗于九国之师也；深谋远虑，行军用兵之道，非及曩时之士也。(59)然而成败异变，功业相反。试使山东之国，与陈涉度长絜大，比权量力，则不可同年而语矣。(60)然秦以区区之地，致万乘之权，(61)招八州而朝同列，百有余年矣。(62)然后以六合为家，殽函为宫。(63)一夫作难而七庙隳，(64)身死人手，(65)为天下笑者，何也？仁义不施，而攻守之势异也！

选自《史记》卷六

注释

① 过秦论：议论秦之所以能够歼灭六国的关键原因以及秦朝灭亡的原因所在。文章从各方面剖析秦所犯的错误，因此题篇『过秦』。过，过失，这里作动词用，即谴责过失。② 秦孝公：秦国国君，姓嬴，名渠梁，公元前361年至前338年在位。任用商鞅变法，使秦迅速富强起来。殽函：指殽山和函谷关，是秦东方的险隘。殽，又作『崤』，山名，在今河南洛宁北。函，在今河南灵宝东北。③ 拥雍州之地：拥，占据。

雍州，古代《禹贡》所说的九州之一，是秦国所在地，约为今陕西主要部分、甘肃全省和青海部分地区。

④窥：窥视，窥探。周室：指当时已经名存实亡的周王朝。

⑤席卷：像卷席子一样。包举：像用布包东西一样全部包住。囊括：像用口袋装东西一样全部装住。八荒：四面八方的荒远之地。体现了秦统一天下的雄心壮志。

⑥商君：即商鞅。

⑦连衡：也作"连横"，是秦国推行的胁迫六国西向事秦的一种策略。斗诸侯：使诸侯内部互相斗争。

⑧拱（gǒng）手：两手相抱，以表示敬意。这里是指不费吹灰之力的意思。西河之外：指魏国在黄河以西的土地。秦孝公二十二年（前347），商鞅伐魏，魏被迫割让出河西之地。西河，现在陕西大荔、宜川一带地方。

⑨没：通"殁"，死。

⑩惠文：指秦惠王，秦孝公之子，公元前337年至前311年在位。武：指秦武王，秦惠王文之子。昭：指秦昭襄王，秦武王的异母弟。蒙：承袭。故业：旧业。因：沿袭。遗策：过去一贯的策略。汉中：今陕西西南部一带地区。

⑪膏腴（yú）：肥沃。

⑫会盟而谋弱秦：聚会结盟谋划削弱秦国的对策。会盟，聚会盟誓。弱秦，削弱秦国。弱，使……变弱。

⑬致：招致，导致。

⑭合从：指六国南北联合共同对抗秦国的策略。

⑮相与：互相结交。

⑯孟尝：指孟尝君田文，齐国贵族。平原：指平原君赵胜，赵惠文王的弟弟。

⑰约从离横：约从，指六国南北联合。离横，拆散秦国的连横之策。

⑱兼：聚合，聚集。

⑲宁越：赵国人。徐尚：宋国人。苏秦：洛阳人。杜赫：周人。之属：等人。与下文"徒、伦"，都是"辈"的意思。为之谋：为六国出谋划策。

春申：指春申君黄歇，曾任楚国的令尹。信陵：指信陵君魏无忌，魏安釐王的异母弟。

相约合从，离横，拆散秦国的连横之策。主张合纵抗秦的代表人物。杜赫：周人。

⑳齐明：东周臣。周最：东周君之子。陈轸（zhěn）：楚国人。召（shào）滑：楚之谋：为六国出谋划策。

楼缓：赵国人，曾经任魏国的丞相。翟景：魏国人。苏厉：苏秦的弟弟。乐毅：燕国将领，中山国人。

古文觀止 卷六 漢文二

通其意：沟通六国的意图。㉑吴起：卫国人，战国前期著名军事家。孙膑（bìn）：齐国人，战国中期著名军事家。带佗（tuó）：楚将。兒（ní）良、王廖：皆为战国时的军事家。兒，通『倪』。田忌：齐国的大将。廉颇、赵奢：皆为赵国著名将领。制其兵：统帅六国的军队。㉒叩关：直攻函谷关。叩，攻打。㉓延：延纳，引进。㉔九国：即上文所说的韩、魏、燕、赵、齐、楚、宋、卫、中山。㉕亡矢遗镞（zú）：亡，遗，都是遗失、丢弃的意思。镞，指箭头。㉖制其弊：抓住诸侯的弱点来控制他们。弊，指弱点，衰败。㉗追亡逐北：追逐失败逃亡的敌人。㉘流血漂橹（lǔ）：流血太多，使得大盾牌都能漂浮起来。橹，大盾牌。㉙因利乘便：凭借有利的形势，抓住便利的时机。㉚宰割天下：任意宰割诸侯。㉛服：臣服。㉜入朝（cháo）：到秦来朝见秦王。孝文王：秦昭襄王之子。公元前250年即位，在位三天就死了。庄襄王：孝文王之子，公元前249年即位，在位三年。享国：享有其国，这里是在位治理国家的意思。日浅：日子不久，时间不长。㉞奋：发扬、发奋。六世：指孝公、惠文王、武王、昭襄王、孝文王、庄襄王。馀烈：遗留下来的功业。烈，功业。㉟振：振动，挥动。长策：长长的马鞭。御：驾驭，统治。㊱二周：指周末分封的两个小国西周和东周。西周灭于秦昭襄王五十一年（前256），东周灭于秦庄襄王元年（前249）。实际上都在秦始皇执政（前223）之前。亡诸侯：灭亡六国诸侯。这里指公元前221年秦灭六国，统一天下。㊲履至尊：登上皇帝的位子。履，登上。至尊，至高的尊位，指皇帝。六合：天地和四方。这里指天下。㊳敲朴：棍子一类的刑具。短的叫『敲』，长的叫『朴』。鞭笞（chī）：鞭打。㊴百越：是对当时南方各地越族的总称。㊵以为桂林、象郡：以为，把它作为。桂林，郡名。今广西桂林、苍梧及柳江东部一带。象郡，郡名，在今广东西南部和广西南部及西部一带。桂林和象郡都是秦攻下百越之后设置的新郡。㊶『百越』三句：意思是说百越的君主低下头，在脖子处系上绳子，把自己的生死交给秦王手下的官吏。俯首：低头，是臣服的意思。系颈：在脖子上系绳，表示服从。委命：交出性命。下吏：秦王手下的官吏。㊷蒙恬（tián）：秦始皇时的重要将领。秦完成统一后，他率兵北抗匈奴，修筑长城长达万余里，并且守卫几十年，期间匈奴不敢进犯。藩篱：原本是指用竹木编成的篱笆，这里是屏障的意思。却：使……退却。㊸『胡人』二句：意思是说匈奴人不敢南下来放牧马匹，六国之士也不敢弯弓来报复秦朝。牧马：放牧马匹，用来比喻侵扰、进犯。报怨：报复。㊹先王之道：指儒家推崇的『仁政』、『王道』等。㊺燔（fán）百家之言：指公元前213年秦始皇采纳丞相李斯的建议，下令焚烧《秦纪》以外的史书与诸子百家的著作，并且严禁谈论。燔，焚烧；百家之言，指诸子百家的著作。㊻黔（qián）首：黎民百姓。黔，黑色。秦始皇二十六年（前221）改称天下之民为黔首。㊼隳（huī）：毁坏。名城：指六国的大城市。㊽兵：兵器。㊾销锋镝（dí）：销，把金属熔化。锋镝，泛指兵器。锋，兵器的尖端；镝，箭头。㊿铸以为金人十二：古代用铜做兵器，秦始皇完成统一后，下令收集天下的兵器运到都城咸阳，熔铸成十二个铜人，认为这样做民众就再也没有用来反抗他的武器了。(51)以弱：使……弱。民：主要是指六国灭亡之后的残余势力。(52)践华：践，登上，这里是凭借的意思。华，指华山。(53)因河为池：利用黄河作护城河。因，拿，利用；河，指黄河；池，护城河。(54)不测：深不可测。(55)劲弩：强有力的弓，这里指精良的武器。(56)陈利兵而谁何：拿着锋利的武器查问过往行人。兵，武器。谁何，关塞上哨兵诘问往来的民众。何，通『呵』，呵问。(57)金城：固若金汤的城市。(58)没：通『殁』，死亡。(59)殊俗：不同风俗习惯的边远地区。(60)陈涉：名胜，是秦朝末期农民起义的领袖之一。瓮牖（yǒu）绳枢：用破瓮作窗户，用绳子系门轴，说明房屋极其简陋，这里用来表示陈涉出身非常贫苦。(61)氓

古文觀止 卷六 漢文二

㉒(méng)隸：氓，田夫、農民。隸，努力。都是當時對農民和奴隸的賤稱。㉒遷徙之徒：被征發的人。指陳勝被征發戍守漁陽。㉓中庸：一般的人。㉔仲尼、墨翟：仲尼，即孔丘（前551～前479），春秋末期著名思想家、教育家，儒家學派的創始人。墨翟（dí），春秋後期思想家、教育家，墨家學派的創始人。㉕陶朱、猗(yī)頓：陶朱，即范蠡(lí)，春秋末期越國大夫，他輔佐越王勾踐滅吳後，放棄做官到陶（今山東定陶西北）地，號陶朱公，因為善於經營商業變得十分富有。猗頓，春秋時魯國人，以經營鹽業致富。㉖蹑(niè)足行伍：蹑足，行走，這裡引申為置身、位處於的意思；行伍，指被征發之人的隊伍。㉗俛起阡陌：俛(miǎn)，通「勉」，盡力低頭，這裡是不得已的意思。起，起事，阡陌，田間的小路，南北為「阡」，東西叫「陌」。㉘罷(pí)弊：罷，通「疲」、疲弱。弊，衰弱無力。㉙將：率領。㉚斬木為兵：砍下樹木當做兵器。㉛揭：高舉。㉜贏(yíng)糧而景從：贏，肩負，景從，像影子一樣跟從。景，通「影」。㉝山東：指崤山、函谷關以東，是原來六國的轄地。㉞自若：和原來的樣子一樣。㉟「鋤、耰(yōu)」二句：意思是說鋤頭和木棍，沒有劍戟和長矛鋒利。耰，平整土地的農具。棘矜，同「戟」。矜(xiān)：戟把。銛(xiān)：鋒利。鉤、戟：帶鉤刃的長戟。鎩(shā)：長矛。㊱囊(nǎng)時：從前。㊲成敗異變：成功和失敗有著出人意料的變化。異變：意料之外的變化。㊳度(duó)長絜(xié)大：度量長短和大小，是比較權勢、力量的意思。度，丈量長短；絜，度量大小。㊴同年而語：相提並論。㊵致萬乘(shèng)之權：奪取了帝王的權力。致，達到；萬乘，周天子擁有兵車萬乘，因此天子被稱為萬乘。㊶招八州而朝同列：招令八州並使原來處於同等地位的諸侯來秦朝拜。招，招令諸侯入朝於秦。八州，古時分天下為九州。秦居雍州，六國居於其它八州。朝同列，

古文觀止 卷六 漢文二

治安策①（一）

贾谊

原文

夫树国固，必相疑之势，②下数被其殃，上数爽其忧，甚非所以安上而全下也。③今或亲弟谋为东帝，亲兄之子西乡而击，今吴又见告矣。④天子春秋鼎盛，⑤行义未过，⑥德泽有加焉，犹尚如是，况莫大诸侯，权力且十此者乎！⑦然而天下少安，⑧何也？⑨大国之王幼弱未壮，汉之所置傅、相方握其事。⑩数年之后，诸侯之王大抵皆冠，血气方刚，汉之傅、相称病而赐罢，⑪彼自丞尉以上遍置私人，如此，有异淮南、济北之为邪！⑬此时而欲为治安，虽尧、舜不治。⑭

黄帝曰：『日中必熭，操刀必割。』⑮今令此道顺而安全，甚易；不肯早为，已乃堕骨肉之属而抗刭之，⑰岂有异秦之季世乎？⑱夫以天子之位，乘今之时，因天之助，尚惮以危为安，⑲以乱为治，假设陛下居齐桓之处，⑳将不合诸侯而匡天下乎？㉑臣又知陛下有所必不能矣。假设天下如囊时，㉒淮阴侯尚王楚，黥布王淮南，㉓彭越王梁，㉔韩信王韩，㉕张敖王赵，㉖贯高为相，㉗卢绾王燕，㉘陈豨在代，㉙令此六七公者皆无

恙，㉚当是时而陛下即天子位，能自安乎？臣有以知陛下之不能也。天下殽乱，㉛高皇帝与诸公并起，非有仄室之势以豫席之也。㉜诸公幸者乃为中涓，㉝其次厪得舍人，㉞材之不逮至远也。㉟高皇帝以明圣威武即天子位，割膏腴之地以王诸公，多者百馀城，少者乃三四十县，德至渥也。㊱然其后七年之间，㊲反者九起。㊳陛下之与诸公，非亲角材而臣之也，㊴又非身封王之也。㊵自高皇帝不能以是一岁为安，故臣知陛下之不能也。

然尚有可诿者，㊶曰疏。㊷臣请试言其亲者。假令悼惠王王齐，㊸元王王楚，㊹中子王赵，㊺幽王王淮阳，㊻共王王梁，㊼灵王王燕，㊽厉王王淮南，㊾六七贵人皆亡恙，当是时陛下即位，能为治乎？臣又知陛下之不能也。若此诸王，虽名为臣，实皆有布衣昆弟之心，㊿虑亡不帝制而天子自为者。(51)擅爵人，(52)赦死罪，(53)甚者或戴黄屋，(54)汉法令非行也。虽行，不轨如厉王者，令之不肯听，召之安可致乎！幸而来至，法安可得加？动一亲戚，天下圜视而起。(55)陛下之臣虽有悍如冯敬者，(56)适启其口，匕首已陷其胸矣。陛下虽贤，谁与领此？(57)故疏者必危，(58)亲者必乱，已然之效也。(59)其异姓负强而动者，(60)汉已幸胜之矣，又不易其所以然。(61)同姓袭是迹而动，既有征矣，(62)其势尽又复然！(63)殃祸之变，未知所移，明帝处之尚不能以安，(64)后世将如之何！

屠牛坦一朝解十二牛，(65)而芒刃不顿者，所排击剥割皆众理解也。(66)至于髋髀之所，(67)非斤则斧。(68)夫仁义恩厚，人主之芒刃也；权势法制，人主之斤斧也。今诸侯王皆众髋髀也，释斤斧之用，(69)而欲婴以芒刃，臣以为不缺则折。(70)胡不用之淮南、济北？势不可也。

臣窃迹前事，(71)大抵强者先反。淮阴王楚，最强，则最先反；韩信倚胡，(72)则又反；贯高因赵资，(73)则又反；陈豨兵精，则又反；彭越用梁，(74)则又反；黥布用淮南，则又反；卢绾最弱，最后反。长沙乃在二万五千户耳，(75)功少而最完，(76)势疏而最忠，非独性异人也，(77)亦形势然也。曩令樊、郦、绛、灌据数十城

而王,今虽已残,亡可也。㊆令信、越之伦列为彻侯而居,㊆虽至今存,可也。然则天下之大计可知已。欲诸王之皆忠附,㊆则莫若令如长沙王;欲臣子之勿菹醢,㊆则莫若令如樊、郦等;欲天下之治安,莫若众建诸侯而少其力。㊆力少则易使以义,国小则亡邪心。令海内之势,如身之使臂,臂之使指,莫不制从。㊆诸侯之君不敢有异心,辐凑并进而归命天子。㊆虽在细民,㊆且知其安,故天下咸知陛下之明。割地定制,令齐、赵、楚各为若干国,㊆使悼惠王、幽王、元王之子孙毕以次各受祖之分地,地尽而止,㊆及燕、梁他国皆然。其分地众而子孙少者,建以为国,空而置之,㊆须其子孙生者,举使君之。㊆诸侯之地,其削颇入汉者,为徙其侯国及封其子孙也,所以数偿之。㊆一寸之地,一人之众,天子亡所利焉,诚以定治而已,㊆故天下咸知陛下之廉。地制一定,宗室子孙莫虑不王,下无倍畔之心,㊆上无诛伐之志,故天下咸知陛下之仁。法立而不犯,令行而不逆,贯高、利几之谋不生,㊆柴奇、开章之计不萌,㊆细民乡善,㊆大臣致顺,故天下咸知陛下之义。卧赤子天下之上而安,㊆植遗腹,朝委裘,而天下不乱。㊆当时大治,后世诵圣。一动而五业附,陛下谁惮而久不为此?㊆

天下之势方病大瘇。㊆一胫之大几如要,㊆一指之大几如股,㊆平居不可屈信,㊆一二指搐,身虑无聊。㊆失今不治,必为锢疾,㊆后虽有扁鹊,㊆不能为已。㊆病非徒瘇也,又苦跖戾。㊆元王之子,帝之从弟也;㊆今之王者,从弟之子也。㊆惠王之子,亲兄子也;㊆今之王者,兄子之子也。㊆亲者或亡分地以安天下,疏者或制大权以逼天子。㊆臣故曰:非徒病瘇也,又苦跖戾。可痛哭者,此病是也。

选自《汉书》卷四十八

古文觀止 卷六 漢文二

注释

① 治安策：有关治国安邦的策论。② "夫树国"二句：意思是说建立的诸侯国和朝廷相互对立猜忌的形势。树国：建立诸侯国。固：这里指强大的意思。相疑：相互对立猜忌。疑，通"拟"。比拟，引申为对立。③ "下数（shuò）"三句：意思是说诸侯国因受朝廷质疑被讨伐，常常遭到祸殃，朝廷因为担忧诸侯国的背叛而常常为此焦虑。这实在不是使朝廷安稳使地方保全的良策。数：多次，经常。被：蒙受，遭遇。上：指皇上。爽：伤。④ "今或"三句：这三句说，现在或者是天子的弟弟在东方谋划称帝，或者是兄长的儿子向西攻打朝廷，如今吴王又被人告发了。今或：现在或者是。亲弟谋为东帝：指汉文帝六年（前174），文帝的异母兄弟淮南王刘长蓄意勾结匈奴谋反，企图称帝而没有成功，事后自杀。因为淮南在西汉都城长安以东，所以说"谋为东帝"。亲兄之子西乡而击：指汉文帝三年（前177），文帝兄刘肥之子刘兴居向西攻取荥阳，兴兵谋反，计划失败后自杀。乡，通"向"。吴又见告：指刘邦的侄子吴王刘濞（bì）有谋反的迹象，被人告发。⑤ 春秋：指年龄。鼎盛：正盛。鼎，正。⑥ 行义未过：施行仁义，没有过失。⑦ 十此：十倍于此。⑧ 少安：比较安定，还算安定。⑨ 未壮：还没有成年。⑩ "汉之"句：意思是说朝廷任命的太傅、相国正掌握权力。⑪ 冠：古代男子二十岁举行冠礼，表示已为成人。天子、诸侯则在十二岁加冠。⑫ 称病而赐罢：声称有病而解职。⑬ 丞尉：县的文武官吏。遍置私人：到处安插自己的亲信。邪：通"耶"。⑭ 尧、舜：二人皆被古人看作圣人，是传说中的部落联盟首领。⑮ "黄帝曰"三句：这三句说，黄帝说："要晒东西趁着正午，要割东西趁刀在手。"黄帝：即轩辕氏，传说中远古时期的帝王。夐（wèi）：晒，也作"暳"。操刀必割：拿着刀子就一定要割东西。意思是说机不可

⑯道：指黄帝所说的机不可失的道理。⑰『已乃』句：意思是说将来就要抛弃骨肉至亲而且砍杀他们。已乃：将来就。堕(huī)：通『毁』，毁弃。抗到(jīng)：杀头、诛杀。⑱季世：末世。⑲以危为安：误把危险当作安定。⑳『假设』二句：这二句说，假使陛下处在齐桓公的地位，恐怕不会与诸侯会合以统一天下吧。『居……处』：处于……的地位。齐桓：齐桓公，春秋五霸之一。合：联合。匡：匡正，统一。㉑曩(nǎng)：从前，这里指汉高祖刘邦统一天下的时候。尚：仍然。王(wàng)：称王，这里是动词。以下几句中的『王』，用法相同。楚：汉代楚国在今江苏铜山、徐州一带。㉒淮阴侯：指刘邦的大将韩信，曾被封为齐王、楚王，后被贬为淮阴侯。㉓黥布：英布，汉初功臣，被封为淮南王，后起兵造反，失败后被杀。淮南：在今安徽寿县一带。㉔彭越：汉时期被封为梁王，后来因为造反失败被杀。梁：在今河南商丘一带。㉕韩信：指韩王信，战国韩襄王的后代，汉初被封韩王，后来投靠了匈奴。燕：今北京一带。㉖张敖：赵王张耳之子，高祖之婿，父死继位，同国相贯高谋刺高祖，受牵连，被贬为宣平侯。赵：今河北邯郸一带。㉗贯高：赵王张敖的国相，因谋刺高祖被捕，后自杀。㉘卢绾(wǎn)：秦末时期随赵高起兵，代两地军队。后来背叛汉朝，自立为王。起兵失败后被杀。代：驻守。燕：今北京一带。㉙陈豨：汉初被封为阳夏侯，统率赵、代两地军队。后来背叛汉朝，自立为王。起兵失败后被杀。在：今河北蔚县一带。㉚无恙(yàng)：安然无恙，指健在的意思。㉛殽(xiáo)乱：混乱。殽，通『淆』，混乱。㉜『非有』句：意思是说并没有宗族的势力预先作为依靠。仄室之势：仄室，侧室。豫：通『预』，预先的意思。席：凭借。㉝中涓：皇帝的近侍官员，这里指倚重的大臣。㉞厪(jǐn)：通『仅』，才。舍人：地位低于中涓的侍从官。㉟逮：达到。㊱渥：深厚。㊲七年：指汉高祖五年(前202)至十一年(前196)。㊳九起：指这七年发

生的一系列反叛事件。㊴『非亲』句：意思是说并不是亲自较量过才能而使他们臣服的。角：较量。臣：使……臣服。㊵身：亲自。㊶诿：推诿、推托。㊷疏：指这些王侯并非亲属。㊸悼惠王：即悼惠王，是汉高祖的长子刘肥。王：统治。齐：今山东淄博一带。㊹元王：楚元王，汉高祖之弟刘交。㊺中子：指汉高祖之子赵隐王如意。㊻幽王：赵幽王，汉高祖之子刘友。原为淮阳王，后徙赵。㊼共王：赵共王，汉高祖之子刘恢。原为梁王，后徙赵。㊽灵王：燕灵王，汉高祖之子刘建。㊾厉王：淮南厉王，汉高祖之子刘长。㊿布衣昆弟之心：平民兄弟的想法。布衣，指平民、百姓。昆弟，指兄弟。(51)『虑亡』句：意思是说大概没有不想采用帝制而自己做天子的。虑：考虑。亡不：无不是，没有不。帝制：想采用皇帝的仪制。(52)擅爵人：擅自将爵位授人。爵，将爵位授人。(53)赦死罪：指擅自赦人死罪。(54)『甚者』句：意思是说有最过分的人，乘坐只有天子才能坐的黄盖车。甚者：最过分的。黄屋：皇帝的车辇，盖子用黄缯作里子，所以被称『黄屋』。(55)圜（yuán）视：圜，通『圆』，怒目圆睁。(56)冯敬：汉文帝时御史大夫，曾因揭发淮南厉王刘长谋反，被刺客刺死。(57)谁与领此：有谁跟您来治理呢？领，治理。(58)疏：疏远的、疏离的。(59)已然之效：已经是得到事实的证明了。已然，已经成为事实；效，验证、证明。(60)异姓：指异姓王侯。(61)又不易其所以然：意思是说又不改变法制来消除使已成事实发生的根源。(62)『同姓』二句：意思是说同姓王侯沿袭这个迹象想要作乱，已经有了征兆。袭：沿袭。征：征兆、苗头。(63)复然：指重复出现之前混乱不堪的局面。(64)明帝：英明的帝王。(65)屠牛坦：春秋时善于宰牛的人。解：支解。(66)『而芒刃』二句：这二句说，但他锋利的刀刃不钝，因为他宰牛的每个动作，都是顺着肌肉的纹理和关节下刀。顿：通『钝』。排击剥割：宰牛的各种动作。理解：肌肉的纹理和关节。理，肌肉的纹理；解，四肢关节。(67)髋（kuān）髀（bì）：胯骨和大腿骨。

⑱非斤则斧：不是用砍刀就是用斧头。斤，横刃砍刀。斧，竖刃斧头。⑲释：舍弃、丢弃。⑳『而欲』二句：意思是说而想用锋利的刀刃去碰他们，我以为这刀刃不是缺损，就是折断。婴：触碰。折：折断。㉑窃：私下里考察事迹。窃，私下，是自谦的说法。㉒韩信：指韩王信。倚胡：依靠匈奴人。胡，匈奴。㉓赵资：凭借赵国的资助。㉔用梁：利用梁国的财力。㉕长沙：指长沙王吴芮（ruì）是汉初封侯中受封的户数最少的诸侯，实力薄弱，没有起兵造反，反而最终得以保全。㉖最完：保存最完整。㉗『非独』句：意思是说这不仅仅是吴芮秉性特别，和别人不一样。独：性情独特。㉘『襄令』三句：意思是说如果从前让樊哙、郦商、周勃、灌婴这些人割据几十个城邑而封为王，如今即使说他们已经残败不堪，面临灭亡也是可能的。襄：从前。樊：樊哙。灌：灌婴，封颍阴侯。郦（三）：郦商，封曲周侯，后任右丞相。绛：指绛侯周勃，封绛侯，文帝时为右丞相。灌：灌婴，封舞阳侯，官至太尉，丞相。这四人都忠于汉朝。亡：灭亡。㉙『令信、越』句：意思是说假使对韩信、彭越之辈，只封给彻侯的官爵。信：韩信。越：彭越。彻侯：列侯，爵位名称，是秦汉二十级爵位中最高一级。彻侯是只有爵位而没有封地的王侯，只享受封邑的租税，不掌握封邑的政权。㉚忠附：忠心耿耿地依附。㉛菹醢（zūhǎi）：把人剁成肉酱，是古代严酷刑罚的一种。㉜众建：指多封诸侯。少其力：减少他们各自的力量。㉝制从：服从。㉞辐凑：像车轮上的辐条一样聚集在一起。辐，车轮上的辐条。凑，聚集。㉟细民：小民、平民。㊱『割地』二句：意思是规定好分封割地的制度，使齐、赵、楚分为几个国。㊲毕：全部。以次：按照次序。地尽而止：直到土地分完而止。㊳空而置之：让王位暂时空置在那里。㊴『须其』二句：意思是等到子孙们出生以后，让他们全部都去做国君。㊵『诸侯』四句：意思是说诸侯的封地，因为犯罪而被削除收归朝廷的，就把侯国迁往别处，将来由其子孙

继承，按原来的户数偿还给他们。削颇：削减。这里指因犯罪而被朝廷没收的封地。汉朝规定，诸侯若有罪，按罪行大小处罚，削减封地或者封地被中央收归后并入郡县中。数偿：如数偿还。㉛"天子"二句：意思是说天子并没有什么私利，确实只是为了安定太平而已。亡所利：没有什么利。诚：实在、确实。治：安定。㉜倍畔：通"背叛"。㉝利几：本是项羽的部下，投降刘邦后被封为颍川侯，后来因为蓄意谋反被杀。㉞柴奇、开章：都是为淮南王刘长谋反出谋划策的人。㉟乡善：向善。乡，通"向"。㊱"卧赤子"句：意思是说让一个年幼的孩子坐在天子的位置上，天下仍然会十分安定。赤子：婴儿，指年幼的皇帝。㊲"植遗腹"三句：意思是说立遗腹子做皇帝，让大臣朝拜先帝遗下的衣冠，天下也不会发生动乱。植：立。遗腹：遗腹子。朝：朝拜。委裘：指先帝的衣冠。委，放置。㊳"一动"二句：意思是说一项举措得到明、廉、仁、义、圣五种功业，陛下还顾虑什么而久久不能这样做呢。一动：指实行"众建诸侯而少其力的"措施。五业：即上文所说的明、廉、仁、义、圣。谁惮：即"惮谁"，怕谁。㊴瘇（zhǒng）：脚肿病。㊵"一胫（jīng）"句：意思是说一条小腿肿得几乎像腰，形容肿得非常厉害。胫：小腿。几：几乎。要：通"腰"。㊶"平居"句：意思是说平常不可以弯曲伸直，全身都担心难以支撑。平居：平时、平常。信：通"伸"，伸直。㊷"一二"二句：意思是说一两只脚趾抽搐，全身都担心难以支持。㊸指：脚趾。股：大腿。㊹锢疾：顽疾，难以治疗的疾病。牵动：身…全身。虑…忧虑、担忧。无聊：无所依靠，这里指难以支持。锢，通"痼"。㊺扁鹊：战国时期的名医。㊻不能为已：没有办法，无能为力。㊼跖（zhí）戾（lì）：脚掌向反面弯曲。跖，脚掌。戾，扭曲。㊽从弟：堂弟。㊾"亲者"二句：意思是说皇室嫡系子孙有的还没有得到封地以安定天下，而非嫡系子孙却掌握实权胁迫天子。亲者：这里指文帝的嫡系子孙。亡：通"无"，没

卷六 汉文二 二八六

有。疏者：这里指文帝的远亲，非嫡系子孙，如上文所提到的『从弟之子』、『兄子之子』。制：掌握。逼：胁迫。

论贵粟疏① 晁错

作者简介

晁错（前200?～前154），汉族，颍川（今河南禹县城南晁喜铺）人。是西汉文帝时的智囊人物。年轻时学习申不害、商鞅的学说，文帝时官太常掌故、博士、太子家令，迁至中大夫。景帝即位，升为御史大夫（汉三公职，位仅次于丞相）。他上书景帝，力主削藩，以加强中央集权，因此，吴、楚等七国于公元前154年打着『请诛晁错，以清君侧』的旗号起兵叛乱。政敌袁盎、窦婴也乘机报复。景帝畏惧，将其斩杀。晁错的结局十分悲惨，但其主张则为以后武帝完成政治经济的真正统一，提供了思想武器。著有《言兵事疏》、《论守边备塞疏》、《论贵粟疏》等。

原文

圣王在上而民不冻饥者，②非能耕而食之，③织而衣之也，④为开其资财之道也。故尧、禹有九年之水，汤有七年之旱，⑤而国无捐瘠者，⑥以畜积多而备先具也。⑦今海内为一，土地人民之众不避禹、汤，⑧加以亡天灾数年之水旱，⑨而畜积未及者，何也？地有馀利，民有馀力，生谷之土未尽垦，山泽之利未尽出也，游食之民未尽归农也。民贫则奸邪生。贫生于不足，不足生于不农，⑩不农则不地著，⑪不地著则离乡轻家。民如鸟兽，虽有高城深池，严法重刑，犹不能禁也。

夫寒之于衣，不待轻暖；饥之于食，不待甘旨；饥寒至身，不顾廉耻。人情一日不再食则饥，终岁不制衣则寒。夫腹饥不得食，肤寒不得衣，虽慈母不能保其子，君安能以有其民哉？明主知其然也，故务民于农桑，薄赋敛，广畜积，以实仓廪，备水旱，故民可得而有也。

民者，在上所以牧之。趋利如水走下，四方无择也。夫珠玉金银，饥不可食，寒不可衣，然而众贵之者，以上用之故也。其为物轻微易藏，在于把握，可以周海内而亡饥寒之患。此令臣轻背其主，而民易去其乡，盗贼有所劝，亡逃者得轻资也。粟米布帛，生于地，长于时，聚于力，非可一日成也。数石之重，中人弗胜，不为奸邪所利，一日弗得而饥寒至。是故，明君贵五谷而贱金玉。

今农夫五口之家，其服役者不下二人，其能耕者不过百亩，百亩之收不过百石。春耕，夏耘，秋获，冬藏，伐薪樵，治官府，给徭役。春不得避风尘，夏不得避暑热，秋不得避阴雨，冬不得避寒冻，四时之间，无日休息。又私自送往迎来，吊死问疾，养孤长幼在其中。勤苦如此，尚复被水旱之灾，急政暴虐，赋敛不时，朝令而暮改。当其有者，半贾而卖，亡者取倍称之息。于是有卖田宅、鬻子孙以偿债者矣。而商贾大者积贮倍息，小者坐列贩卖，操其奇赢，日游都市，乘上之急，所卖必倍。故其男不耕耘，女不蚕织，衣必文采，食必粱肉；亡农夫之苦，有阡陌之得。因其富厚，交通王侯，力过吏势，以利相倾，千里游敖，冠盖相望，乘坚策肥，履丝曳缟。此商人所以兼并农人，农人所以流亡者也。今法律贱商人，商人已富贵矣；尊农夫，农夫已贫贱矣。故俗之所贵，主之所贱也。吏之所卑，法之所尊也。上下相反，好恶乖迕，而欲国富法立，不可得也。

方今之务，莫若使民务农而已矣。欲民务农，在于贵粟。贵粟之道，在于使民以粟为赏罚。今募天下人粟县官，得以拜爵，得以除罪。(50)如此，富人有爵，农民有钱，粟有所渫。(51)夫能入粟以受爵，皆有馀者也。取于有馀，以供上用，则贫民之赋可损，所谓损有馀，补不足，令出而民利者也。(52)顺于民心，所补者三：(53)一曰主用足，二曰民赋少，三曰劝农功。(54)今令民有车骑马一匹者，复卒三人。(55)车骑者，天下武备也，故为复卒。(56)神农之教曰：(57)『有石城十仞，(58)汤池百步，(59)带甲百万，(60)而亡粟，弗能守也。』以是观之，粟者，王者大用，(61)政之本务。令民入粟受爵，至五大夫以上，乃复一人耳，此其与骑马之功相去远矣。(62)爵者，上之所擅，出于口而无穷；粟者，民之所种，生于地而不乏。夫得高爵与免罪，人之所甚欲也。使天下人入粟于边，以受爵免罪，不过三岁，塞下之粟必多矣。(63)

选自《汉书》卷二十四上

注释

①贵粟：看重粮食。贵，以……为贵。②在上：处于上位。③食（sì）：动词，给人吃。④衣（yì）：动词，给人穿。⑤尧、禹：都是传说中原始社会时期的部落联盟首领。汤：成汤，建立了商朝。⑥无捐瘠（jí）者：没有遭到遗弃的和瘦弱不堪的人。捐，捐弃、遗弃；瘠，瘦弱。⑦『以畜积』句：意思是说因为积蓄很多，事先有所准备。畜：通『蓄』，积蓄。备：准备。具：具备。⑧『土地』句：意思是说土地和人口数量之多，不比夏禹和商汤时期少。不避：不让，不下于。⑨亡：通『无』，没有。下文除『亡逃』、『流亡』外，其余的『亡』字都通『无』。⑩不农：不种地。⑪地著：定居在一个地方。著，附着。⑫深池：护城河。⑬『夫寒』六句：这六句说，寒冷的时候，对衣服并不期待又轻又暖；饥饿的时候，对食物并不期待甘

古文觀止 卷六 漢文二

甜可口，饑寒交迫就不顧廉恥了。于：對于。甘旨：甘美可口的食物。⑭再食：吃兩頓飯。⑮務：使……從事。⑯薄賦斂：減輕賦稅。薄，減少。減輕。賦斂，向國家繳納的田地稅。斂，征收。⑰廩（lǐn）：糧倉。⑱民可得而有：（君王）可得而有民。⑲『民者』四句：意思是說百姓在于君主管理的方式。他們對利益的追逐就像水往低處流，不會顧及方向。牧：養，引申為統治、管理的意思。趨利：趨向有利的地方。走下往低處流。無擇：不選擇。⑳以上：因為皇上。㉑把握：拿在手里。㉒輕背其主：意思是說臣子輕易違背君主。輕，輕易。背，違背，背叛。㉓易去其鄉：輕易離開家鄉。去，離開。㉔『盜賊』二句：意思是說使盜賊受到誘惑，使逃亡的人得到便于攜帶的錢財。勸：鼓勵，誘惑。輕資：攜帶輕便的財物。㉕石（dàn）：中國古代用來衡量輕重的單位。一石為一百二十斤。㉖中人弗勝（shēng）：中等力氣的人拿不動。㉗不為奸邪所利：不被奸邪的人所貪圖。利，貪圖。㉘伐薪樵：砍柴禾。㉙治官府：為官府修建衙門。給徭役：為官府服勞役。給，供給。㉚『又私自』三句：意思是說還有親友之間的來往，吊唁死者，問候病人，收養孤兒，撫育孩子，所有耗費都要在這有限的收入中支出。私自：私人方面。在其中：都在這有限的收入中支出。㉛被…遭受。㉜急政：緊急征收。政，通『征』，征收。㉝不時：不按時，沒有固定的時間。㉞半賈：半價。賈，通『價』。㉟『亡者』句：意思是說向沒有糧食上交的人收取加倍的利息。亡者：沒有糧食交的人。倍稱之息：加倍的利息。稱，借貸。㊱鬻（yù）：賣出。㊲積貯倍息：囤積居奇，獲取加倍的利息。㊳坐列販賣：坐店經營。㊴操其奇（jī）贏：牟取暴利。奇，餘物；贏，盈利。㊵乘上之急：趁皇上急用的時候。乘，趁，上，皇上。㊶衣必文采：穿衣必定華麗多彩。文采，華麗多彩。㊷粱肉：質量上乘的米肉，指美食佳肴。㊸交通：交好互通。㊹以利相傾：利用財富爭權奪利，相互傾軋。㊺游敖：出游、游玩。敖，通

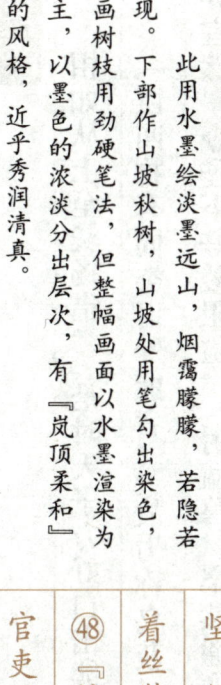

秋山烟霭图 宋·阎次于

此用水墨绘淡墨远山，烟霭朦朦，若隐若现。下部作山坡秋树，山坡处用笔勾出染色，画树枝用劲硬笔法，但整幅画面以水墨渲染为主，以墨色的浓淡分出层次，有『岚顶柔和』的风格，近乎秀润清真。

『遨』，游玩。㊻乘坚策肥：乘坐坚固的车子，驾着肥壮的马匹。坚，坚固的车子；肥，肥马。㊼履丝曳(yè)缟(gǎo)：脚上穿着丝鞋，身上拖着丝袍。履，穿着；曳，拖着；缟，丝织的白袍。㊽『故俗』四句：意思是说因此世俗所看重的，是君主所轻视的；官吏所轻贱的，是法律所尊重的。㊾乖迕(wǔ)：违背，忤逆。㊿『今募』三句：意思是说现在号召天下百姓给朝廷缴纳粮食，可以授予爵位，可以免除罪过。拜爵，授予爵位。㊿『渫(xiè)……分散。㉒『所谓』三句：意思是说削减富人的余财，用来贴补穷人，这个命令一推出百姓就能得到好处。损有馀，补不足：语出《老子》。民利：使百姓得到好处。㊿生产。劝，鼓励；功，生产。㊿补：好处。㊿劝农功：鼓励农业生产。㊿『今令』二句：意思是说现在法令规定百姓缴纳一匹战马就能免除三人的兵役。㊿『车骑者』三句：意思是说驾战车的马是国家的军事装备，所以可以用来免除兵役。㊿神农：在远古传说中最先开始教民农耕的帝王。㊿汤池：像充满沸水的护城河。㊿带甲：披甲的人，这里指军队。㊿大用：最重要的物资。用，物资。㊿『令民』

卷六 汉文二

二九一

古文观止 卷六 汉文二

上书谏猎
司马相如

作者简介

司马相如（前179~前117），字长卿，蜀郡（今四川成都）人。西汉大辞赋家。年少时爱好读书，学击剑，口吃而善著书，景帝时曾任武骑常侍。后称病免官，至梁国，与梁孝王的文学侍从邹阳、枚乘等同游。作《子虚赋》，武帝见之，慨叹不能与其同时。又献《上林赋》，为帝所看重，任为郎。曾奉命出使「通西南夷」，先后写过《喻巴蜀檄》、《难蜀父老书》，对于开发西南地区有一定贡献。后为孝文园令。明人辑有《司马文园集》。

原文

相如从上至长杨猎。①是时天子方好自击熊豕，驰逐野兽。②相如因上疏谏曰：

「臣闻物有同类而殊能者，故力称乌获，④捷言庆忌，⑤勇期贲、育。⑥臣之愚，窃以为人诚有之，兽亦宜然。今陛下好陵阻险，⑦射猛兽，卒然遇逸材之兽，骇不存之地，⑧犯属车之清尘，⑨舆不及还辕，人不暇施巧，⑩虽有乌获、逢蒙之技不得用，枯木朽株尽为难矣。⑪是胡、越起于毂下，而羌、夷接轸也，岂不

注释

四句：意思是说号召百姓出粮食买爵位，封到五大夫以上，才能免除一个人的兵役，这比缴纳一匹战马带来的功效相差太远了。五大夫：彻侯以下爵分二十级，五大夫为第九级。㉖「使天下」四句：意思是说假如天下的人都纳粮到边疆去，用来受爵和免罪，不超过三年，边境地区的粮食必定很多。边：边塞地区。

殆哉？虽万全而无患，然本非天子之所宜近也。且夫清道而后行，中路而驰，犹时有衔橛之变；况乎涉丰草，骋丘墟，前有利兽之乐，而内无存变之意，其为害也不难矣！夫轻万乘之重，不以为安，乐出万有一危之涂以为娱，臣窃为陛下不取。盖明者远见于未萌，而知者避危于无形，祸固多藏于隐微，而发于人之所忽者也。故鄙谚曰：「家累千金，坐不垂堂。」此言虽小，可以喻大。臣愿陛下留意幸察。」

选自《史记》卷一百一十七

注释

① 「相如」句：意思是说相如跟从皇上到长杨去打猎。相如：司马相如。从：跟从、随从。上：皇上。长杨：秦汉时宫殿名。因宫中有垂杨数亩而得名，旧址在今陕西周至。② 「是时」二句：这二句说，当时皇上正喜好亲自追击熊和野猪。③ 殊能：特别与众不同的能力。④ 乌获：秦武王时传说能力举千钧的大力士，后来被用作力士的通称。⑤ 庆忌：春秋时吴王僚的儿子，以勇武著称。传说阖闾用马追赶他但没有追上。⑥ 贲：孟贲，秦武王时的勇士，传说他走水路不避蛟龙，走陆路不避虎狼。育：战国时的勇士，传说他可以力拔牛尾。⑦ 好陵阻险：意思是说喜欢登临艰险严峻的地方。⑧ 「卒然」二句：意思是说如果突然遇上极其凶猛的野兽，把它们惊吓到不能安全存留的地方。卒然：即「猝然」，突然。逸材：也作「逸才」，才智出众。这里指异常凶猛的野兽。骇：指惊吓到野兽。不存：不能安全保全的地方。⑨ 犯属车之清尘：意思是说冲着随从的车辆扬起的尘土扑来。犯，冲犯。属车之清尘，指皇帝，是委婉的说法；属车，随从的车辆；清尘，车扬起的尘土。⑩ 「舆不及」二句：意思是说车子来不及旋转车辕，卫士也来不及采用巧妙的办法应付。舆：车。还（xuán）：旋转。人：指卫士。不暇：来不及。⑪ 逢蒙：是古代的射箭高手。⑫ 为难：意思

古文觀止 卷六 漢文二

答蘇武書① 李陵

⑬「是胡、越」三句：意思是说这就如同胡人、越人从车驾之下窜出，而羌人、夷人在车后紧追，难道不是很危险吗？胡：对北方少数民族的泛称。越：对南方少数民族的泛称。毂（gǔ）下：皇帝的车驾之下。羌：古代活动在西部地区的民族，这里泛指西部少数民族。夷：古代中央王朝对东部少数民族的蔑称。接轸：车轮相衔接而行，比喻接近。轸，车厢底部后面的横木。殆：危险。⑭衔橛（jué）之变：马勒断裂钩心脱落的事故。衔，马勒口。橛，车钩心。⑮丰草：深厚的草。⑯「前有」三句：意思是说眼前只贪图捕获野兽的快乐，心里却没有防范变故的思想，遭遇祸害不是件难事啊。利：贪图。存变：预防意外。⑰「夫轻」三句：这三句说，轻视天子的尊贵，不顾自身安全，喜欢冒着万一的危险去寻求快乐。夫：发语词。万乘（shèng）：用来代指皇帝。不以为安：不顾皇帝的安全。涂：通「途」。⑱未萌：还没有萌发的事。⑲知：通「智」。⑳固：本来。㉑鄙谚：俗语。㉒不垂堂：不靠近屋檐下。这里是指担心屋上的瓦片掉下伤人。垂堂，靠近屋檐的地方。用来比喻非常危险的地方。㉓此言虽小，可以喻大：这句话说的事情虽小，但可以比喻大的道理。

答蘇武書① 李陵

作者简介

李陵（？～前74），西汉陇西成纪（今甘肃泰安）人。字少卿，名将李广之孙。善骑射。武帝时，为骑都尉。天汉二年（前99）率五千步兵出击匈奴，遇上匈奴主力，被单于大军包围，力战之后，终因寡不敌众，

后无支援而降。汉朝夷其三族，使其彻底与汉朝断绝关系，后留在匈奴二十多年，病死。《史记》、《汉书》有传。

原文

子卿足下：②勤宣令德，③策名清时，荣问休畅，④幸甚，幸甚！远托异国，⑦昔人所悲，望风怀想，能不依依！昔者不遗，⑧远辱还答，⑨慰诲勤勤，有逾骨肉，陵虽不敏，⑩能不慨然！

自从初降，以至今日，身之穷困，独坐愁苦。终日无睹，但见异类。⑪韦韝毳幕，⑫以御风雨；膻肉酪浆，⑬以充饥渴。举目言笑，谁与为欢？胡地玄冰，⑭边土惨裂，但闻悲风萧条之声。凉秋九月，塞外草衰，夜不能寐，侧耳远听，胡笳互动，⑮牧马悲鸣，吟啸成群，边声四起。晨坐听之，不觉泪下。嗟乎，子卿！陵独何心，能不悲哉！

与子别后，益复无聊。上念老母，临年被戮；⑯妻子无辜，并为鲸鲵；⑰身负国恩，为世所悲。子归受荣，我留受辱，命也何如！身出礼仪之俗，而入无知之俗；违弃君亲之恩，长为蛮夷之域，伤已！令先君之嗣，⑱更成戎狄之族，又自悲矣！功大罪小，不蒙明察，孤负陵心区区之意。每一念至，忽然忘生。⑲陵不难刺心以自明，刎颈以见志，顾国家于我已矣，杀身无益，适足增羞，故每攘臂忍辱，⑳辄复苟活。左右之人，见陵如此，以为不入耳之欢，来相劝勉。异方之乐，只令人悲，增忉怛耳！㉑

嗟乎，子卿！人之相知，贵相知心。前书仓卒，㉒未尽所怀，故复略而言之。昔先帝授陵步卒五千，出征绝域，五将失道，陵独遇战。而裹万里之粮，帅徒步之师，出天汉之外，㉔入强胡之域，以五千之众，对十万之军，策疲乏之兵，当新羁之马。然犹斩将搴旗，㉕追奔逐北，㉖灭迹扫尘，斩其枭帅。㉗使三军之士视死如归。陵也不才，希当大任。意谓此时，功难堪矣。㉘匈奴既败，举国兴师，更练精兵，强逾十万，单于临阵，亲自合围。客主之形既不相如，㉙步马之势又甚悬绝。疲兵再战，一以当千，然犹扶乘创痛，决命争首。㉚死伤积野，馀不满百，而皆扶病，不任干戈。然陵振臂一呼，创病皆起，举刃指虏，胡马奔走；㉛兵尽矢穷，人无尺铁，犹复徒首奋呼，争为先登。当此时也，天地为陵震怒，战士为陵饮血！㉜单于谓陵不可复得，便欲引还。而贼臣教之，㉝遂使复战，故陵不免耳。

昔高皇帝以三十万众困于平城。㉞当此之时，猛将如云，谋臣如雨，然犹七日不食，仅乃得免。况当陵者，岂易为力哉？而执事者云云，㉟苟怨陵以不死。然陵不死，㊱罪也。子卿视陵，岂偷生之士而惜死之人哉？宁有背君亲、捐妻子，而反为利者乎？然陵不死，有所为也。故欲如前书之言，报恩于国主耳。诚以虚死不如立节，灭名不如报德也。㊲昔范蠡不殉会稽之耻，曹沫不死三败之辱，㊳卒复勾践之仇，报鲁国之羞。区区之心窃慕此耳。何图志未立而怨已成，计未从而骨肉受刑，㊴此陵所以仰天椎心而泣血也。㊵

足下又云：『汉与功臣不薄。』㊶子为汉臣，安得不云尔乎！昔萧、樊囚絷，㊷韩、彭菹醢，㊸晁错受戮，㊹周、魏见辜；㊺其馀佐命立功之士，㊻贾谊、亚夫之徒，㊼皆信命世之才，㊽抱将相之具，而受小人之谗，㊾并受祸败之辱，卒使怀才受谤，能不得展。彼二子之遐举，㊿谁不为之痛心哉！陵先将军，㊿功略盖天地，义勇冠三军，㊿徒失贵臣之意，到身绝域之表。㊿此功臣义士所以负戟而长叹者也！㊿何谓『不薄』哉？且足下昔以单车之使，适万乘之虏，遭时不遇，至于伏剑不顾，㊿流离辛苦，几死朔北之野。㊿丁年奉使，㊿皓首而归，老母终堂，㊿生妻去帷。㊿此天下所希闻，古今所未有也。蛮貊之人尚犹嘉子之节，㊿况为天下之主乎？

陵谓足下当享茅土之荐，受千乘之赏。⁶²闻子之归，赐不过二百万，位不过典属国，⁶⁴无尺土之封加子之勤。⁶⁵而妨功害能之臣尽为万户侯，⁶⁶亲戚贪佞之类悉为廊庙宰。⁶⁷子尚如此，陵复何望哉？且汉厚诛陵以不死，薄赏子以守节，欲使远听之臣望风驰命，此实难矣。⁶⁸所以每顾而不悔者也。⁶⁹陵虽孤恩，汉亦负德。⁷⁰昔人有言：『虽忠不烈，视死如归。』⁷¹陵诚能安，而主岂复能眷眷乎？⁷²男儿生以不成名，死则葬蛮夷中，谁复能屈身稽颡，还向北阙，使刀笔之吏弄其文墨耶？⁷³愿足下勿复望陵。

嗟乎，子卿！夫复何言！⁷⁴相去万里，人绝路殊，⁷⁵生为别世之人，死为异域之鬼，长与足下，生死辞矣！幸谢故人，勉事圣君。⁷⁶足下胤子无恙，⁷⁷勿以为念！努力自爱。时因北风，复惠德音。⁷⁸李陵顿首。⁷⁹

选自《文选》卷四十一

注释

①题篇一作《李陵答苏武书》。②足下：对对方的尊称。③勤宣令德：努力发扬美德。令德，美好的德行。④策名清时：在政治清明的时候做官。策名，古代官吏的姓名都写在简策上，被称为策名，这里就是指做官的意思。清时，（政治）清明的时候。⑤荣问休畅：美好的名声广泛地宣扬。问，通『闻』。休畅，广泛地传播。休，美；畅，畅顺、通达。⑥幸甚：幸运得很。⑦远托异国：遥远地寄居在异国他乡。⑧昔者：指苏武。不遗：不遗弃。⑨远辱还答：承蒙您远远地赐我回信。辱，屈身，承蒙，谦词；还答，回信。⑩不敏：不聪明灵敏，谦虚的说法。⑪异类：异族人。⑫韦：皮革。鞲（gōu）：革制的袖套或臂衣。⑬酪（lào）浆：乳浆。⑭玄冰：非常厚且泛黑色的冰。玄，天青色。⑮胡笳：古代北方民族的管乐器。⑯临年：指快到老年。⑰鲸（jīng）鲵（ní）：雄的叫鲸，雌的叫

鲵，被古人当作遭遇大祸的象征。『并为鲸鲵』指被杀害。李陵投降后，有人向汉武帝诬告汉军被匈奴打败的原因是李陵他教匈奴用兵之道，汉武帝一气之下灭他三族。⑱先君：子孙对自己祖先的称呼。⑲忘生：失去活下去的勇气。⑳攘臂：捋起袖子，露出胳膊。表示振奋或发怒。㉑忉怛(dāodá)：悲愁、痛苦。㉒仓卒(cù)：匆忙急迫。卒，通『猝』。㉓失道：迷失道路。这里指没有按期会合。㉔天汉：指汉朝统治的地区。㉕搴(qiān)：拔取。㉖追奔逐北：追赶失败逃亡的敌人。北，败逃。㉗枭(xiāo)帅：勇猛的将帅。㉘功难堪矣：功劳没有人能够胜过。堪，胜。㉙相如：相比。㉚扶乘：强忍。扶着伤，带着痛。㉛决命争首：拼命作战，争先杀敌。㉜饮血：指态度悲伤到了极点。㉝贼臣：指李陵的部下管敢，因为受到校尉的侮辱便投降匈奴，把李陵所带军队的实际兵力一五一十地告诉了匈奴单于，使本来以为李陵后有援军不敢追击的匈奴军队大举进攻汉军，致使李陵全军覆没，兵败投降。㉞困于平城：指汉高祖七年（前200），韩王信勾结匈奴谋反，汉高祖刘邦亲自率兵征讨，在平城（今山西大同东北）被匈奴围困七天。㉟执事者：汉朝执掌争取的人，即汉武帝，这里是委婉的称呼。㊱苟怨陵以不死：埋怨我不能以死殉国。苟，胡乱、妄言，不死，不能死节。㊲灭名：毁灭名声。㊳范蠡(lǐ)：春秋时楚国人。吴越之战越王勾践战败后被吴王夫差困在会稽，范蠡表面上向吴王屈膝求和，实际上暗中辅佐勾践蓄精养锐，终于在七年之后消灭了吴国。殉，殉身。㊴曹沫(mèi)不死三败之辱：曹沫，春秋时鲁庄公的大将。齐桓公讨伐鲁国，鲁国多次战败，庄公便献地求和，与齐盟于柯，曹沫用匕首劫持齐桓公，迫使齐国归还了侵占的土地。㊵椎(chuí)：捶打。泣血：哭出血泪。㊶与：对待。㊷萧：指萧何。汉初相国。他曾经因为建议开放『上林苑』中的空地让百姓耕种而触怒汉高祖，遭来入狱之祸。樊：指樊哙。汉初大将。因功封为舞阳

侯。刘邦病重时，他被控与吕氏结党谋反，刘邦于是命陈平将樊哙斩于军中，陈平害怕吕后，只将樊哙绑缚长安。⫿ 捆绑。㊸韩⫿韩信。彭⫿彭越。两人都是汉初汉高祖的得力大将，因为开国有功被封为王，后来意图谋反，失败后被杀。菹醢(zūhǎi)⫿把人剁成肉酱，是古代严酷刑罚的一种。㊹晁错⫿汉景帝的著名谋臣，因为他提出削减诸侯的封地，受到诸侯王的反对。后来吴王濞等七个诸侯打出『请诛晁错，以清君侧』的口号发动七国叛乱，景帝当时惧怕反叛势力，杀了晁错。㊺周⫿指周勃。汉初功臣，因平定七国之乱有功而被封诛吕后党羽，迎立文帝，任丞相。因被控谋反，被捕入狱。魏⫿指其侯窦婴，汉初功臣，因平定七国之乱有功，后参与侯。后因与丞相田蚡(fén)有仇，被谗下狱遇害。辜⫿罪。㊻佐命⫿辅佐皇帝。㊼贾谊⫿主张政治改革，西汉著名政治家、文学家。亚夫⫿周亚夫，西汉名将，曾平定七国之乱，因触犯景帝，谢病免官，后因其子私买御物而下狱，死在狱中。㊽命世⫿闻名于世。㊾具⫿才能。㊿二子⫿指贾谊和周亚夫。擢举远行，这里指死亡。㊼先将军⫿指李陵的祖父李广，善骑射，武帝时，任右北平太守，匈奴数年不敢来犯，称他为飞将军，与匈奴战七十余次，但未被封侯。㊾义勇冠三军⫿意思是说忠义和勇敢在全军中位居第一。冠，处于第一位。三军，周朝制度规定天子六军，诸侯大国三军。一军有一万二千五百人。这里用作军队的通称。㊿『徒失』二句⫿意思是说只是失去权贵大臣的欢心，当时李广任前将军，因迷失道路被卫青责问，深感耻辱而自杀。㊿遭时不遇⫿苏武出使匈奴时，匈奴内部有人企图劫持单于的母亲，并杀死汉的降将卫律，怀报国的理想。到(jìng)⫿用刀剑自杀。绝域⫿极其遥远的地方。表⫿外面。㊿负戟⫿手持剑戟，这里指心与苏武一起出使匈奴的张胜支持他们的行动，后事败，牵连到张胜，苏武也被扣留。㊿伏剑不顾⫿指苏武用

⑤⁷ 剑自杀未遂，后被救活。
⑤⁸ 几：几乎。朔北：北方，这里指匈奴。
⑤⁹ 丁年：丁壮之年。终堂：去世。
⑥⁰ 去帷：离开帷帐内，指改嫁。
⑥¹ 蛮貊（mò）：泛指少数民族。蛮，常指南方少数民族。貊，指东北少数民族。这里指匈奴。嘉子之节：匈奴单于扣押苏武后意图逼迫他投降，苏武不从而且用剑自杀，因此单于非常敬佩苏武不肯投降的崇高气节。
⑥² 茅土：分茅列土，分封诸侯的仪式。
⑥³ 千乘（shèng）之赏：周朝制度规定千乘代指诸侯，这里指封侯。
⑥⁴ 典属国：负责掌管少数民族事务的官职名称。荐：奖誉。加：加封、封赏。
⑥⁵
⑥⁶ 万户侯：食邑万户的侯。
⑥⁷ 廊庙宰：比喻朝廷依靠的高官重臣。
⑥⁸『且汉』四句：这四句说，况且汉朝仅仅因为我没有以死殉国而诛杀我全家来严惩我，而对您的坚守节操只给予浅薄的嘉奖，想要让远方在外的臣子急切地为朝廷奔驰效命，这样实在太困难了。
⑥⁹ 每顾：意思是说每次回想起这件事。
⑦⁰ 负德：背弃德义。
⑦¹『不烈』：不一定采取激烈的行为。烈，刚烈。
⑦² 『陵诚』二句：意思是说李陵如果真的能够以死殉国，皇上难道还能顾念我吗？眷眷：顾念。
⑦³『谁复能』三句：意思是说谁还能够屈身叩头，回来让那些刀笔吏罗织罪名呀。稽颡（qìsǎng）：以额触地的跪拜大礼。北阙：宫殿北面的门楼，是臣子等候上朝的地方。刀笔之吏：这里用来泛指汉朝负责文案的官吏。
⑦⁴ 夫复何言：还说些什么呢。夫，发语词。
⑦⁵ 人绝路殊：相隔遥远，道路不通。
⑦⁶『幸谢』二句：意思是说向我的老朋友致意，希望他们努力侍奉圣君。谢：问候。故人：老朋友，指霍光、上官桀等人。勉事：努力侍奉。
⑦⁷ 胤（yìn）子：儿子。胤，嗣，后代。苏武在匈奴时娶匈奴女为妻，生一子名通国。
⑦⁸『时因』二句：意思是说时常借着顺路之便，多次赐予我好消息。因：借。北风：指顺路。惠：赐。德音：好消息。
⑦⁹ 顿首：头叩地再拜，常用于书信的结尾。

卷六　汉文二

三〇〇

前出师表

诸葛亮

作者简介

诸葛亮（181~234），琅邪阳都（今山东沂水县南）人，字孔明，号卧龙，三国时代蜀汉丞相、杰出的政治家、军事家、发明家、文学家。在世时被封为武乡侯，死后追谥忠武侯。起初为避战乱隐居隆中（今河南南阳和湖北襄樊一带），建安十二年（207）应刘备请托而出。帮助刘备东连孙吴，北拒曹魏，西灭刘璋，取益州，建立蜀汉政权，与魏、吴形成三足鼎立局面。曹丕代汉，刘备称帝于成都，以诸葛亮为丞相。备死，受遗诏辅佐后主刘禅，以丞相封武乡侯，兼领益州牧。当政期间，励精图治，严明法治，发展农业生产，并较好地改善了与各少数民族的关系，对开发西南和统一中国作出了有益的贡献。先后五次出师伐魏，志复中原，不果。建兴十二年（234）与司马懿相拒于渭南，病死于五丈原军中，葬于定军山（今陕西勉县东南），享年五十四岁。诸葛亮为匡扶蜀汉政权，呕心沥血、鞠躬尽瘁、死而后已，在后世受到极大的尊崇，成为后世忠臣楷模，智慧化身，在西南少数民族中也享有盛名。他的《出师表》、《草庐对》等文章为后人传诵、称道。著有《诸葛亮集》。

原文

臣亮言：①先帝创业未半而中道崩殂，②今天下三分，③益州疲敝，④此诚危急存亡之秋也。然侍卫之臣不懈于内，忠志之士忘身于外者，⑤盖追先帝之殊遇，欲报之于陛下也。⑥诚宜开张圣听，以光先帝遗德，恢宏志士之气，⑦不宜妄自菲薄，引喻失义，以塞忠谏之路也。宫中府中，俱为一体，⑨陟罚臧否，不宜异同。⑩

若有作奸犯科及为忠善者，⑪宜付有司论其刑赏，⑫以昭陛下平明之治，⑬不宜偏私，使内外异法也。

侍中、侍郎郭攸之、费祎、董允等，⑭此皆良实，⑮志虑忠纯，⑯是以先帝简拔以遗陛下。愚以为宫中之事，⑰事无大小，悉以咨之，⑱然后施行，必能裨补阙漏，⑲有所广益。将军向宠，⑳性行淑均，㉑晓畅军事，试用于昔日，先帝称之曰能，是以众议举宠以为督。愚以为营中之事，事无大小，悉以咨之，必能使行阵和穆，㉒优劣得所也。亲贤臣，远小人，此先汉所以兴隆也；亲小人，远贤臣，此后汉所以倾颓也。先帝在时，每与臣论此事，未尝不叹息痛恨于桓、灵也。㉓侍中、尚书、长史、参军，㉔此悉贞亮死节之臣也，㉕愿陛下亲之信之，则汉室之隆，可计日而待也。㉖

臣本布衣，㉗躬耕于南阳，㉘苟全性命于乱世，㉙不求闻达于诸侯。㉚先帝不以臣卑鄙，㉛猥自枉屈，㉜三顾臣于茅庐之中，㉝咨臣以当世之事，由是感激，㉞遂许先帝以驱驰。㉟后值倾覆，㊱受任于败军之际，奉命于危难之间，尔来二十有一年矣。㊲先帝知臣谨慎，故临崩寄臣以大事也。㊳受命以来，夙夜忧叹，㊴恐托付不效，以伤先帝之明，㊵故五月渡泸，㊶深入不毛。㊷今南方已定，兵甲已足，当奖帅三军，㊸北定中原，庶竭驽钝，㊹攘除奸凶，㊺兴复汉室，还于旧都。㊻此臣之所以报先帝而忠陛下之职分也。

至于斟酌损益，㊼进尽忠言，则攸之、祎、允之任也。愿陛下托臣以讨贼兴复之效，不效，则治臣之罪，以告先帝之灵。若无兴德之言，则责攸之、祎、允之咎，㊽以彰其慢。㊾陛下亦宜自谋，㊿以咨诹善道，察纳雅言，(51)深追先帝遗诏，(52)臣不胜受恩感激。今当远离，临表涕泣，不知所云。(53)

选自《三国志》卷三十五

注释

① 臣亮言：即"臣诸葛亮禀告"。这是表文开头的格式。② 先帝：对已驾崩的君主的尊称。这里指刘备（162~223），即昭烈帝。创业未半，而中道崩殂：这里指刘备统一全国的目的。崩殂，崩、殂，都是古人用来表示天子死去，没有实现统一全国的目的。③ 三分：指当时魏国、蜀国、吴国三足鼎立的局面。④ 益州：今四川、重庆及云南、贵州、陕西的一部分。这里代指蜀国。疲敝：困乏。⑤ 侍卫之臣：指宫廷内的官员。内：指宫廷以内，内政。外：指宫廷以外，防御外敌。⑥ 盖：表示解释原因的发语词。追：追悼、怀念。殊遇：特殊的礼遇，这里指破格重用。陛下：古代对皇帝的尊称。这里指蜀汉后主刘禅，公元223年至263年在位。⑦ "诚宜"三句：意思是说确实应该广泛开阔圣明的听闻，来光复先帝遗留下来的美德，弘扬有志之士的忠贞气概。圣：对皇帝的尊称。恢宏：扩大，这里是振作的意思。⑧ 妄自菲薄：随便地自我贬低。引喻：称引譬喻。失义：不合大义。⑨ 宫中府中：指宫内和丞相府。⑩ "陟罚"二句：意思是说官职的提升、降级和褒奖、批评，不应该有什么不同。陟罚：官职的升降。陟，晋升官职。臧（zāng）否（pǐ）：指褒和贬，肯定或否定，表扬与批评。臧，善。否，恶。⑪ 作奸犯科：做出奸邪一直触犯法律。奸，奸邪的事。科，法律科条。⑫ 有司：职有所司，指专管某种事务的官员。⑬ 昭：昭示。⑭ 侍中：官名，顾问。侍郎：官名，皇帝的宫廷近侍。郭攸（yōu）之：字演伟，有器识才学，先任侍郎，后为侍中。费祎（yī）：字文伟，原任黄门侍郎，曾出使吴国，回国后升为侍中。董允：字体昭，先任侍郎，后为侍中。⑮ 良实：善良诚实。⑯ 志虑忠纯：志向和思想忠厚且单纯。⑰ 愚：对自己的谦称。⑱ 悉：全部。咨：咨询。⑲ 裨（bì）补阙漏：弥补缺失和疏漏。裨补，弥补。阙漏，过失，疏漏；阙，通"缺"。

古文观止

卷六　汉文二

三〇三

古文觀止 卷六 漢文二

⑳ 向寵：最初任牙門將，後來任典宿衛兵，在治理軍隊方面非常有才能。㉑ 淑均：善良公正。㉒ 行（háng）陣：指軍隊。穆：通"睦"。㉓ 桓、靈：指漢末的桓帝劉志和靈帝劉宏，二人都寵信宦官，重用外戚，使得朝廷烏煙瘴氣，腐敗不堪。㉔ 尚書：官名，協助皇帝處理政務。這裡指陳震，參軍：漢朝後期軍隊裡的參謀官員。這裡指蔣琬，字公琰，諸葛亮說他"託志忠雅，當與吾共贊王業者也"，並且密表後主曰，"臣若不幸，後事宜以付琬"。㉕ 死節：能夠為報國氣節而死。㉖ 計日而待：計算著時日來等待，意思是說不需要很長時間。㉗ 布衣：平民。㉘ 躬耕：親自耕種。其實是指隱居在山林之中。南陽：漢郡名。治所在宛縣（今河南南陽）。㉙ 苟全：苟且地保全。㉚ 聞達：在諸侯中博取美好的聲譽，獲得高官的地位。聞，取得聲譽；達，取得高官。㉛ 卑鄙：卑賤淺陋。㉜ 猥（wěi）自枉屈：不惜降低身份，屈尊相訪。猥，辱；枉屈，屈就。㉝ 三顧：指公元207年劉備三次訪問諸葛亮。顧，拜訪。㉞ 由是感激：意思是說臣因此深為感動。由，由此。㉟ 驅馳：奔走效命。㊱ 傾覆：大敗。㊲ 爾來：從那時以來。二十有一年：指從劉備三顧茅廬請諸葛亮出山到諸葛亮上表北伐，經過二十一年。有，同"又"。安十三年（208）劉備在當陽的長坂（今湖北當陽東北）被曹操打敗，派諸葛亮聯吳抗曹。㊳ 臨崩：臨死之時。寄臣以大事：即公元223年劉備在臨死時把劉禪託付給諸葛亮，並且委諸葛亮以重權，要求劉禪像對待父親一樣尊重諸葛亮。㊴ 夙（sù）夜：早晚，日夜。夙，早。㊵ "恐託付"二句：意思是說唯恐託付給臣下的大任不能完成，從而有傷先帝的知人之明。傷：傷害。㊶ 五月渡瀘：指蜀漢後主建興三年

三〇四

后出师表

诸葛亮

原文

先帝虑汉、贼不两立，①王业不偏安，②故托臣以讨贼也。以先帝之明，量臣之才，③固知臣伐贼，才弱敌强也；④然不伐贼，王业亦亡，惟坐而待亡，孰与伐之？⑤是故托臣而弗疑也。

臣受命之日，寝不安席，食不甘味。思惟北征，宜先入南。故五月渡泸，⑥深入不毛，⑦并日而食。⑧臣非不自惜也，顾王业不可偏安于蜀都，故冒危难，以奉先帝之遗意，而议者谓为非计。⑩今贼适疲于西，⑪又

（225），益州郡县豪强和西南某些少数民族首领发动叛乱，于是诸葛亮率军南征，七擒孟获，又七次放了他，使他诚心归降，稳定了后方。泸，泸水，是金沙江的一部分。⑫不毛：不长草木的地方。⑬三军：周朝制度规定天子六军，诸侯大国三军，一军总共有一万二千五百人。这里用作军队的总称。⑭庶：与『或可』意思相同，表示希望。竭：尽。驽钝：谦词。驽，劣马；钝，钝刀。⑮攘除：铲平、除掉。奸凶：这里指曹魏政权。⑯还于旧都：把蜀汉国都迁回原来的京都。⑰斟酌损益：考虑衡量利害得失。⑱咎：罪过。⑲彰显明，揭示。慢：怠慢，疏忽。⑳自谋：自我谋划。㉑『以咨诹（zōu）』二句：意思是说征询好的治国方法，明察分析并采取正确的言论。咨诹：询问，征询。善道：指治国的良好意见和办法。察纳雅言：明察并采纳群众的正确言论。雅，正确的。㉒深追：深切地追念。㉓临表：面对表章，即写表之时。涕泣：落泪。不知所云：（激动悲伤得）不知自己都说了些什么。

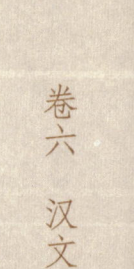

务于东，兵法乘劳，此进趋之时也。谨陈其事如左：

高帝明并日月，谋臣渊深，然涉险被创，危然后安。今陛下未及高帝，谋臣不如良、平，而欲以长策取胜，坐定天下，此臣之未解一也。

刘繇、王朗，各据州郡，论安言计，动引圣人，群疑满腹，众难塞胸，今岁不战，明年不征，使孙策坐大，遂并江东，此臣之未解二也。

曹操智计，殊绝于人，其用兵也，仿佛孙、吴，然困于南阳，险于乌巢，危于祁连，逼于黎阳，几败北山，殆死潼关，然后伪定一时尔。况臣才弱，而欲以不危而定之，此臣之未解三也。

曹操五攻昌霸不下，四越巢湖不成。任用李服，而李服图之。委任夏侯，而夏侯败亡。先帝每称操为能，犹有此失，况臣驽下，何能必胜？此臣之未解四也。

自臣到汉中，中间期年耳，然丧赵云、阳群、马玉、阎芝、丁立、白寿、刘郃、邓铜等及曲长、屯将七十馀人，突将无前，賨、叟、青羌散骑、武骑一千馀人。此皆数十年之内所纠合四方之精锐，非一州之所有。若复数年，则损三分之二也。当何以图敌？此臣之未解五也。

今民穷兵疲，而事不可息，事不可息，则住与行，劳费正等。而不及早图之，欲以一州之地，与贼持久，此臣之未解六也。

夫难平者，事也。昔先帝败军于楚，当此时，曹操拊手，谓天下已定。然后先帝东连吴、越，西取巴、蜀，举兵北征，夏侯授首。此操之失计，而汉事将成也。然后吴更违盟，关羽毁败，秭归蹉跌，曹丕称帝。凡事如是，难可逆料。臣鞠躬尽瘁，死而后已，至于成败利钝，非臣之明所能逆

睹也。㊾

注释 选自《三国志》卷三十五裴松之注引《汉晋春秋》

①先帝：对已驾崩的君主的尊称，这里指刘备。汉：指蜀汉。贼：指曹操。两立：并立。②王业：帝王的事业。这里指蜀汉光复汉室，统一天下的事业。偏安：偏居一方以自安。当时蜀汉据有梁、益二州。③量：度量，估量。④固：本来。⑤惟：与其。孰与：还不如。⑥思惟：思量考虑。⑦五月渡泸：指蜀汉后主建兴三年（225），益州郡县豪强和西南某些少数民族首领发动叛乱，于是诸葛亮率军南征，七擒孟获又七次放了他，使他诚心归降，稳定了后方。泸，泸水，是金沙江的一部分。⑧不毛：不长草木的地方。⑨并日而食：指把一天的粮食当做两天吃。⑩非计：指当时朝廷中有人认为北上讨伐曹魏政权不是上策，反对北征，刘禅有所动摇。⑪适：恰好。疲于西：指建兴六年（228）春，诸葛亮出师攻打祁山（今甘肃礼县东），魏国西部的南安、天水、安定三郡都背叛魏国归顺蜀汉。⑫又务于东：指同年秋天，魏国将领曹休率兵攻打东吴，被吴国将军陆逊大破于石亭。务，致力。⑬乘劳：趁敌人疲劳的时候。⑭并：比。⑮渊深：深谋远虑。⑯良、平：指张良、陈平，二人都是汉高祖的谋臣。⑰长策：长远的策略。⑱刘繇（yóu）：东汉末年任扬州（今安徽合肥）刺史。王朗：东汉末年任会稽（今浙江绍兴）太守。⑲江东：指长江的下游地区。⑳殊绝：卓绝出众。㉑仿佛：就像，好比。孙、吴：指孙膑和吴起，二人都是战国时善于用兵的军事家。㉒困于南阳：指建安二年（197）曹操在宛城败在张绣手中，长子曹昂战死，曹操也被流矢射中。南阳，汉郡名，治所在宛城（今河南南阳）。㉓险于乌巢：指建安五年（200）袁绍拒曹操于官渡（今河南中牟东

卷六 汉文二

三〇七

北),而曹军兵少粮缺,情况危急。后来曹操夜袭乌巢(今河南延津东南),烧毁袁绍全部屯粮,又在官渡大败袁军,才转危为安。㉔危于祁连:指建安七年(202),曹操出兵追击南匈奴被困在祁连山。㉕逼于黎阳:指建安八年(203),袁绍之子袁谭占据黎阳(今河南浚县),曹操迟迟没有攻下。㉖几败北山:指建安二十四年(219),曹操与刘备争夺汉中,从长安出斜谷,运粮到阳平北山途中战败于赵云。㉗殆死潼关:指建安十六年(211),曹操讨伐马超、韩遂,在潼关北渡黄河时马超大军突然到达,弓箭紧逼,情况十分危急。㉘伪定:暂定。伪,诸葛亮以蜀汉为正统,称曹魏为"伪"。㉙五攻昌霸不下:建安五年(200),东海郡太守昌霸背叛曹操,归附刘备,曹操派刘岱、王忠去攻打但没有成功。㉚李服图之:指建安四年(199),汉献帝的舅舅董承与王服等人谋杀曹操,事情败露后,两人都被杀。"李服"应作"王服"。㉛夏侯败亡:曹操攻下汉中后,派夏侯渊留守,后来夏侯渊被蜀国将领黄忠所杀。㉜鹜下:才能低下。㉝期(jī)年:周年。㉞赵云:蜀汉的名将。㉟突将:冲锋的将领。无前:所向无敌。㊱賨(cóng):秦汉时湘、川地区的少数民族。叟、青羌:都是西南少数民族。散骑、武骑:都是骑兵。㊲事:指战争。㊳则住与行,劳费正等:意思是说驻守和进攻其劳苦和费用正相当。㊴"夫难平"二句:意思是说天下最难预料的是军事。平:预料。㊵先帝败军于楚:指建安十三年(208),刘备在当时属楚地的当阳长坂战败。㊶拊(fǔ)手:得意地拍手。㊷东连吴、越:指建安十三年(208),刘备东联合孙吴,共败曹操。孙吴版图包括古吴、越两国之地。㊸西取巴、蜀:指建安十六年(211),刘备率军入巴、蜀;十九年(214),围取成都,占据

让县自明本志令① 曹操

作者简介

曹操（155～220），字孟德，沛国谯（今安徽亳州）人，三国时期杰出的政治家、军事家和文学家。年二十举孝廉，征拜为议郎，以参加镇压黄巾起义，迁升为济南相。后起兵讨董卓，迎献帝（刘协）迁都许昌，复征刘表，灭袁术，袁绍，统一北方，位至丞相及大将军，封魏王。子曹丕称帝，追尊为武帝。曹操为统一中原做出重大贡献，同时在北方屯田，对恢复农业生产有很大作用。曹操留下来的文章很少，但『也是一个改造文章的祖师』（鲁迅语）。有《曹操集》。曹操的乐府诗创作，继承了汉乐府民歌『因事而发』的现实主义精神，开启并繁荣了建安文学。

原文

　　孤始举孝廉，年少，自以本非岩穴知名之士，恐为海内人之所见凡愚，欲为一郡守，好作政教，以建立

益州。巴，古代巴国，在今重庆一带及湖北西部；蜀，古代蜀国，在今四川西部。㊹夏侯：夏侯渊。㊺关羽毁败：指建安二十四年（219），孙权背弃吴蜀两国立下的盟约，袭取荆州，击杀关羽。㊻秭（zǐ）归蹉（cuō）跌：指刘备痛心关羽被杀，兴师伐吴，章武二年（222）在秭归（今属湖北）被吴军击败。蹉跌，失足跌倒，比喻失败。㊼曹丕称帝：汉献帝延康元年（220），曹操死后，其子曹丕废汉献帝，改国号魏，自立为魏文帝。㊽利钝：顺与不顺。㊾逆睹：预见。

名誉，使世士明知之。②故在济南，始除残去秽，平心选举，违迕诸常侍。③以为强豪所忿，恐致家祸，故以病还。④

去官之后，年纪尚少，顾视同岁中，年有五十，未名为老，内自图之：⑤从此却去二十年，待天下清，乃与同岁中始举者等耳。故以四时归乡里，于谯东五十里筑精舍，欲秋夏读书，冬春射猎，求底下之地，欲以泥水自蔽，绝宾客往来之望，然不能得如意。⑥

后征为都尉，迁典军校尉，意遂更欲为国家讨贼立功，欲望封侯作征西将军，然后题墓道言『汉故征西将军曹侯之墓』，此其志也。⑦而遭值董卓之难，兴举义兵。⑧是时合兵能多得耳，然常自损，不欲多之；⑨所以然者，多兵意盛，与强敌争，倘更为祸始。故汴水之战数千，后还到扬州更募，亦复不过三千人，此其本志有限也。⑩

后领兖州，破降黄巾三十万众。⑪又袁术僭号于九江，下皆称臣，名门曰建号门，衣被皆为天子之制，两妇预争为皇后。⑫志计已定，人有劝术，使遂即帝位，露布天下，答言『曹公尚在，未可也』。⑬后孤讨禽其四将，获其人众，遂使术穷亡解沮，发病而死。⑭及至袁绍据河北，兵势强盛，孤自度势，实不敌之。⑮但计投死为国，以义灭身，足垂于后。⑯幸而破绍，枭其二子。⑰又刘表自以为宗室，包藏奸心，乍前乍却，以观世事，据有当州。⑱孤复定之，遂平天下。⑲身为宰相，人臣之贵已极，意望已过矣。⑳

今孤言此，若为自大，欲人言尽，故无讳耳。㉑设使国家无有孤，不知当几人称帝，几人称王。㉒或者人见孤强盛，又性不信天命之事，恐私心相评，言有不逊之志，妄相忖度，每用耿耿。㉓齐桓、晋文所以垂称至今日者，以其兵势广大，犹能奉事周室也。㉔《论语》云：『三分天下有其二，以服事殷，周之德可谓至

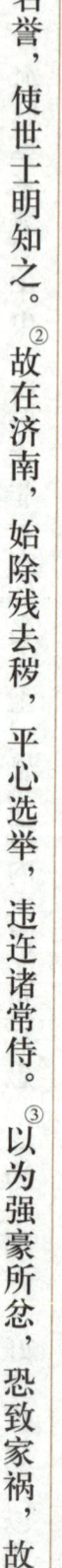

德矣。"㉖夫能以大事小也。㉗昔乐毅走赵，赵王欲与之图燕。㉘乐毅伏而垂泣，对曰：'臣事昭王，犹事大王；臣若获戾，放在他国，没世然后已，不忍谋赵之徒隶，况燕后嗣乎！'㉙胡亥之杀蒙恬也，恬曰：'自吾先人及至子孙，积信于秦三世矣，今臣将兵三十余万，其势足以背叛，然自知必死而守义者，不敢辱先人之教以忘先王也。'㉚孤每读此二人书，未尝不怆然流涕也。㉛孤祖、父以至孤身，皆当亲重之任，可谓见信者矣。㉜以及子桓兄弟，过于三世矣。㉝孤非徒对诸君说此也，常以语妻妾，皆令深知此意。㉞孤谓之言：'顾我万年之后，汝曹皆当出嫁，欲令传道我心，使他人皆知之。'㉟孤此言皆肝鬲之要也。㊱所以勤勤恳恳叙心腹者，见周公有《金縢》之书以自明，恐人不信之故。㊲然欲孤便尔委捐所典兵众以还执事，归就武平侯国，实不可也。㊳何者？诚恐己离兵为人所祸也。㊴既为子孙计，又已败则国家倾危，是以不得慕虚名而处实祸，此所不得为也。㊵前朝恩封三子为侯，固辞不受，今更欲受之，非欲复以为荣，欲以外援，为万安计。㊶

孤闻介推之避晋封，申胥之逃楚赏，未尝不舍书而叹，有以自省也。㊷奉国威灵，仗钺征伐，推弱以强，处小而禽大，意之所图，动无违事，心之所虑，何向不济？㊸遂荡平天下，不辱主命，可谓天助汉室，非人力也。㊹然封兼四县，食户三万，何德堪之！㊺江湖未静，不可让位，至于邑土，可得而辞。㊻今上还阳夏、柘、苦三县户二万，但食武平万户，且以分损谤议，少减孤之责也。㊼

选自《三国志·魏武帝纪》裴松之注引《魏武故事》

注释

①令：一种上级通告下级所用的文体。题目是后人所加，也被称作《述志令》。②孤：古代侯、王自

古文觀止 卷六 漢文二

虎溪三笑圖 宋·佚名

此圖描繪三老在平遠溪水處談笑風生的場面。所畫人物造型生動而準確,手法洗煉,情態傳神。四周的山水、樹林皆描繪得非常真實,這充分體現了作者對大自然美好的憧憬。

稱,謙詞。舉孝廉:被薦舉為孝廉(古代選拔官吏的科目之一),孝指善待父母,廉指清廉公正。漢武帝時,下令郡國每年推舉孝、廉各一人。以:認為。岩穴:指名士隱居的地方,這裡指隱居山林。在東漢時期,名人雅士往往通過隱居的方式回避廟堂的詔令,從而昭示清高並抬高身價。凡愚:平庸愚昧。『恐為』句,言恐怕被天下之人看作是平庸愚昧之輩。郡守:即太守,一郡的軍政長官。好作政教……:從而建立好的政績,樹立良好的社會風化。

③在濟南:漢靈帝中平元年(184),曹操曾任濟南(今屬山東)相。除殘去穢:指除去酷吏、苛政和愚俗。平心選舉:公正地選拔人才。違迕(wǔ):觸犯,得罪。常侍:官名,也被稱作中常侍,皇帝的侍從近臣,這裡指宦官。連詞,因而,為,介詞,表被動。怨:怨恨,不滿。恐致家禍:擔心給家族招來災禍。致,『使……至』。以:借機,借口。病:身體有疾病。

⑤去官:辭去官職。顧視:回頭想想。同歲:指與自己年齡相同也被薦舉為孝廉的人。年有五十:和其中年紀已經五十歲的人相比。未名為老:還不能說自己年老。內自圖之:自己在心中謀劃。⑥卻去:從這以後再過。清:清平,安寧。始舉者:才舉

孝廉的人。等耳：相等同。耳，句末语气词。⑦以：于，在。四时：春夏秋冬四季。谯（qiáo）：今安徽亳（bó）州。精舍：读书讲学的房屋。底下之地：指偏远的地方。即"低下"。以泥水自蔽：喻指躬耕垄亩，隐蔽自己。望：念头。不能得如意：不能如愿以偿。⑧都尉：汉代掌管郡国军事的武官。迁：调任官职，一般指升官。典军校尉：掌管禁卫兵的军官。墓道：指神道碑。其：我自己。⑨"遭值董卓"二句：中平六年（189），凉州豪强董卓率军攻入洛阳，废少帝刘辨，新立献帝刘协，并杀害何太后，自封为相国，把握朝政大权，遭到各地反对，于是地方纷纷起兵。初平元年（190），曹操招募五千人，起兵讨伐董卓。⑩合兵：纠集军队。自损：自我削减。多之：多增加人马。⑪意盛：骄傲的意思。倘，或许，可能。倘更为祸始：可能重新引起祸端。⑫汴水之战：初平元年（190），曹操引兵数千讨董卓，兵败于荥阳汴水，士卒损伤过多。更募：重新招募。汴水之战后，曹曾与夏侯惇赴扬州募兵。⑬领：兼任官职。领兖（yǎn）州兼任兖州牧，初平三年（192），曹操做兖州牧。兖州，今山东濮县东。黄巾：东汉末年，以张角为首的农民义军，因为头裹黄巾为标志，所以被称为黄巾军。青州黄巾军以百万之众攻兖州，曹操领兵于寿张击黄巾军，追至济北，黄巾军三十万投降，曹精选士卒编成"青州兵"。⑭袁术：字公路，东汉末年大军阀，士族出身。僭号于九江：在九江盗用皇帝称号。僭，超越本分。九江，郡名，治所在寿春（今安徽寿县）。名门：给门起名字。衣被：泛指衣物服饰。⑮志计：计划。露布：布告，宣布的意思。曹公：指曹操。⑯禽：同"擒"。四将：建安二年（197）九月，曹操东征袁术，斩其将曹蕤、李丰、梁纲、乐就。穷亡解沮（jù）：失败逃亡，解体崩溃。⑰袁绍：字本初，袁术从兄，大军阀。据：据有，占据。河北：指黄河以北。度（duó）势：揣摩形势。敌：匹敌。⑱计：考虑。投死为国：为国献身。以义灭身：为义

古文觀止 卷六 漢文二

牺牲自己。⑲枭(xiāo)……斩首后悬挂以示众。二子……指袁绍子袁谭、袁尚。⑳刘表……字景升，汉宗室鲁恭王刘余的后代，当时的大军阀。建安十三年（208）七月，曹操南征刘表，八月，刘表卒；九月子刘琮归降曹操。乍前乍却……忽进忽退。乍，忽然。当州……即荆州。㉑极……到达了顶点。意望已过……已经超过之前的愿望。㉒若为自大……好像是自夸自大。欲人言尽……想要让人没话可讲。讳(huì)……避讳、隐瞒。㉓设使……假使，假如。㉔私心……自己的心。相……我，指代性副词。私心相评……以主观的臆测来评论我。不逊之志……指篡汉做皇帝的野心。妄相忖度……妄加揣猜。每用耿耿……常常因此而心中不安。每，每每，常常；用，因此。耿耿，心中惴惴不安的样子。㉕齐桓、晋文……齐桓公、晋文公，都是春秋时期的霸主，他们虽然势力压过周王朝，但仍尊周天子为周王，攘夷狄，平不轨，得到诸侯各国的拥戴。垂称……垂名。奉事……事奉。㉖『三分天下』三句，意思是说周文王虽已有天下的三分之二，仍然向殷臣服，不愿意以周代殷。㉗夫能以大事小……这是因为文王能以大事小的缘故，用以暗示自己要仿效周文王，以大事小，服事汉朝。㉘乐毅走赵……乐毅逃到赵国避难。乐毅，战国时燕将，燕昭王二十八年（284），率军破齐七十余城，燕惠王继位，中齐之反间计，改用骑劫为将，乐毅出奔赵国。图燕……图谋攻打燕国。㉙犹……如同。获戾（lì）……得罪。放……放逐。没世然后已……一辈子就算结束了。已，停止。谋赵……为赵国图谋燕。徒隶……指身份低贱的人。后嗣……后代子孙。以上这些都是借乐毅不忍心危害燕国的故事，说明自己同样不忍心背叛汉朝。㉚胡亥……秦始皇的小儿子，登基后称二世。蒙恬……秦始皇时期的名将，曾率兵三十万北击匈奴。始皇死后，二世用赵高计赐死。积信于秦三世……为秦信任重用累积三代；恬祖蒙骜，父蒙武和恬三代人都是秦将，手握重兵。将兵……统率军队。守义……遵守君臣之大义，指忠于君，不背叛。先王……

㉛怆（chuàng）然：悲戚的样子。㉜皆当亲重之任：都担任过亲近皇帝的重要官职。曹操祖腾曾为中长侍大长秋，封费亭侯，其父嵩官至太尉，曹操本人位至丞相，因此有了这个说法。㉝子桓：曹操长子曹丕的字。㉞非徒：不但，不仅仅。以语妻妾：把（这些话）告诉妻妾，"以"后省"之"。㉟孤谓之言：我对他们说。谓，对……说。顾：看，有假设的意思。万年：去世。汝曹：你们。令：后省"之"，"令之"，让她们。㊱肝鬲之要：发自肺腑的重要的话。㊲勤勤恳恳：至诚的意思。心腹：发自内心的话。《金縢（téng）》：《尚书》篇名，縢，封缄。相传周武王病危时，周公作策书以告天，自请代死，事后把策书放在金縢柜中。武王死，幼年成王继位，周公摄政，流言周公有篡位之心，周公离都避居洛阳。后来成王看到金縢之书，方知周公之忠贞。㊳便尔：就此。委捐：放弃。典：掌管。执事：管事的人，这里指朝廷。"归就"句，意思是说回到武平封地。武平：旧城在今河南鹿邑县西。㊴离兵：放弃兵权。为人所祸：被人所加害。⑩此所不得为也：这是我不能做的呀！得，能够。"前朝"句，据《魏书》载，建安十六年（211），封曹操子植为平原侯，据为范阳侯，豹为饶阳侯，食邑各五千户。更：再，又。㊷介推：即介之推，春秋时期曾经跟随晋公子重耳（即后来的晋文公）在外逃亡十九年。晋文公登基后对随从各有封赏，却没给介之推官位。他没有求赏，而是和母亲隐居在绵山。后来晋文公不得已焚山逼他出来做官，没想到他却抱木而死。申胥：即申包胥，春秋时楚国大夫。伍子胥率吴兵伐楚入郢都，申包胥到秦国求救，在秦廷痛哭七昼夜，秦王受了感动，出兵救楚，击退吴兵。楚昭王回到郢都赏功臣，申包胥逃而不受。舍书：放下书本。㊸奉国威灵：承仗国家声威。仗钺征伐：倚仗皇帝所授之权，讨伐不肯臣以：用来……。自省：自我反省。

古文观止

卷六 汉文二

三一五

古文觀止 卷六 漢文二

服之人。推：憑著。克：戰勝。禽：同『擒』。㊹『意之所圖』二句：指心裡打算的事情，執行起來沒有不如意的。何向不濟：無往不勝的意思。向，從前，濟，成功。㊺非人力：這不是人的力量所能辦到的。㊻四縣：指武平（今河南鹿邑西）、陽夏（今河南太康）、柘（音zhè，今河南柘城）、苦（今河南鹿邑東）四縣。食戶三萬：受三萬戶人家所交賦稅的供養。堪：承受、承擔。㊼江湖未靜：比喻天下還沒有平定。可得而辭：可以辭讓。㊽上還：向皇上退還。分損：減少。

卷七 六朝文

与山巨源绝交书
嵇康

作者简介

嵇康（223~262），字叔夜，谯国（今安徽宿县西）人，是"竹林七贤"的精神领袖。曾娶曹操曾孙女，官至曹魏中散大夫，世称嵇中散。嵇康早年孤苦，拥有奇才，学不师受，嗜博览，无不该通。喜老、庄，崇尚自然，常言养生服食之事，性烈而才俊，尚奇任侠。嵇康处在魏晋易代之世，对当时黑暗的政治深为不满，有"越名教而任自然"的思想，反对虚伪的礼教和礼法，发表过许多离经叛道、菲薄圣人的大胆言论，由于拒绝与司马氏集团合作，终为司马昭所杀。嵇康是当时颇负盛名的思想家，文学方面长于散文，见解精辟新颖，笔锋犀利。诗歌以四言成就最高。有《嵇中散集》十卷。

原文

康白：①足下昔称吾于颍川，吾常谓之知言。②然经怪此意，尚未熟悉于足下，何从便得之也。③前年从河东还，显宗、阿都说足下议以吾自代，事虽不行，知足下故不知之。④足下傍通，多可而少怪，吾直性狭中，多所不堪，偶与足下相知耳。⑤间闻足下迁，惕然不喜，恐足下羞庖人之独割，引尸祝以自助，手荐鸾刀，漫之膻腥，故具为足下陈其可否。⑥吾昔读书，得并介之人，或谓无之，今乃信其真有耳。⑦性有所不堪，真不可强；⑧今空语同知有达人，无所不堪，外不殊俗，而内不失正，与一世同其波流，而悔吝不生耳。⑨老子、庄周，吾之师也，亲居贱职；⑩柳下惠、东方朔，达人也，安乎卑位，吾岂敢短之哉！⑪又仲尼兼爱，不羞执鞭；⑫子文无欲卿相，而三登令尹，是乃君子思济物之意也。⑬所谓达能兼善而不渝，穷则自得而无闷，⑭许由之岩栖，子房之佐汉，接舆之行歌，其揆一也。⑮仰瞻数君，可谓能遂其志者也。⑯故君子百行，殊途而同致，循性而动，各附所安。⑰故有处朝廷而不出，入山林而不反之论。⑱且延陵高子臧之风，长卿慕相如之节，志气所托，不可夺也。⑲

吾每读尚子平、台孝威传，慨然慕之，想其为人。⑳加少孤露，母兄见骄，不涉经学。㉑性复疏懒，筋驽肉缓，头面常一月十五日不洗，不大闷痒，不能沐也。㉒每常小便而忍不起，令胞中略转乃起耳。㉓又纵逸来久，情意傲散，简与礼相背，懒与慢相成，而为侪类见宽，不攻其过。㉔又读庄、老，重增其放。㉕故使荣进之心日颓，任实之情转笃。㉖此犹禽鹿，少见驯育，则服从教制，长而见羁，则狂顾顿缨，赴汤蹈火，虽饰以金镳，飨以嘉肴，逾思长林而志在丰草也。㉗

阮嗣宗口不论人过，吾每师之，而未能及；㉘至性过人，与物无伤，唯饮酒过差耳。㉙至为礼法之士所绳，疾之如仇，幸赖大将军保持之耳。㉚吾不如嗣宗之贤，而有慢弛之阙，又不识人情，暗于机宜。㉛无万石之慎，而有好尽之累。㉜久与事接，疵衅日兴，虽欲无患，其可得乎！㉝又人伦有礼，朝廷有法，自惟至熟，有必不堪者七，甚不可者二：㉞卧喜晚起，而当关呼之不置，一不堪也。㉟抱琴行吟，弋钓草野，而吏卒守之，不得妄动，二不堪也。㊱危坐一时，痹不得摇，性复多虱，把搔无已，而当裹以章服，揖拜上官，三不堪也。㊲素不便书，又不喜作书，而人间多事，堆案盈机，不相酬答，则犯教伤义，欲自勉强，则不能久，

四不堪也。㊳不喜吊丧，而人道以此为重，己为未见恕者所怨，至欲见中伤者，虽瞿然自责，然性不可化，欲降心顺俗，则诡故不情，亦终不能获无咎无誉，如此五不堪也。㊴不喜俗人，而当与之共事，或宾客盈坐，鸣声聒耳，嚣尘臭处，千变百伎，在人目前，六不堪也。㊵心不耐烦，而官事鞅掌，机务缠其心，世故繁其虑，七不堪也。㊶又每非汤武而薄周孔，在人间不止，此事会显，世教所不容，此甚不可一也。㊷刚肠疾恶，轻肆直言，遇事便发，此甚不可二也。㊸以促中小心之性，统此九患，不有外难，当有内病，宁可久处人间邪？㊹又闻道士遗言，饵术黄精，令人久寿，意甚信之；游山泽，观鱼鸟，心甚乐之；㊺一行作吏，此事便废，安能舍其所乐而从其所惧哉！㊻

夫人之相知，贵识其天性，因而济之。㊼禹不逼伯成子高，全其节也；㊽仲尼不假盖于子夏，护其短也；㊾近诸葛孔明不逼元直以入蜀，华子鱼不强幼安以卿相，此可谓能相终始，真相知者也。㊿足下见直木必不可以为轮，曲者必不可以为桷，盖不欲以枉其天才，令得其所也。㉒故四民有业，各以得志为乐，唯达者为能通之，此足下度内耳。㉓不可自见好章甫，强越人以文冕也。㉔己嗜臭腐，养鸳雏以死鼠也。㉕吾顷学养生之术，方外荣华，去滋味，游心于寂寞，以无为贵。㉖纵无九患，尚不顾足下所好者。㉗又有心闷疾，顷转增笃，私意自试，不能堪其所不乐。㉘自卜已审，若道尽途穷则已耳，足下无事冤之，令转于沟壑也。㉙

吾新失母兄之欢，意常凄切。㉚女年十三，男年八岁，未及成人，况复多病，顾此恨恨，如何可言！㉛今但愿守陋巷，教养子孙，时与亲旧叙阔，陈说平生，浊酒一杯，弹琴一曲，志愿毕矣。㉜足下旧知，吾潦倒粗疏，不切事情，自惟亦皆不如今日之贤能也。㉝足下若嬲之不置，不过欲为官得人，以益时用耳。㉞今但愿守陋巷以俗人皆喜荣华，独能离之，以此为快，此最近之，可得言耳。㉟然使长才广度，无所不淹，而能不营

古文觀止 卷七 六朝文

可贵耳。⁶⁶若吾多病困,欲离事自全,以保馀年,此真所乏耳。⁶⁷岂可见黄门而称贞哉?⁶⁸若趣欲共登王途,期于相致,时为欢益,一旦迫之,必发其狂疾,自非重怨,不至于此也。⁶⁹野人有快炙背而美芹子者,欲献之至尊,虽有区区之意,亦已疏矣。⁷⁰愿足下勿似之!其意如此,既以解足下,并以为别。⁷¹嵇康白。⁷²

选自《文选》卷四十三

注释

①白:下对上告知、陈诉,是古人写信的一种格式。②足下:对人的敬称,古人写信时常用,这里指山涛。称:称说,这里指山涛谈论嵇康不愿出仕一事。颖川:指山嵚(qīn),山涛的族父,曾做颖川(今河南许昌)太守。这里是以官名相称。知言:知己之言。因嵇康一直不想出仕,所以认为山涛昔日的称说是知言。③『然经怪』三句:然而我常常奇怪这件事,心想我还没有被你熟悉,您又怎么得知我的志趣呢?经常常。此意:指嵇康不想做官的意向。得之:得知我的志趣。之,代词,指我的志趣。④河东:郡名,在今山西南部黄河以东地区。『显宗』句,公孙崇和吕安二人告诉我,说是足下打算要我来替代您自己的职务。显宗:公孙崇字显宗,谯国人,曾为尚书郎。阿都:吕安字仲悌,小字阿都,和嵇是至交。以吾自代:让我代替你。自,代指『你』。不行:没有实行。故:原来。之:指代『吾』。⑤傍通:通达事理,这里指善于应变。多可而少怪:多数认可而少有疑怪,讽刺山涛为人圆滑。直性狭中:性格鲠直而心胸狭窄。中,指心胸。堪:忍受。偶:偶然。相知:相识。⑥间近来、最近。迁:除旧职,任新职,一般指升官,山涛做吏部郎后升迁为大将军从事中郎。惕(tì)然:忧愁惧怕的样子。羞:以为……羞耻,这里是担心的意思。庖人:厨师。割:屠宰。尸祝:祭师,祭祀时读祝

三二〇

古文观止 卷七 六朝文

词的人。这里是说山涛担心在隐士里自己一人去任职有失朋友，于是就拉嵇康去做官，就好像厨师硬要尸祝代庖做伴一样。『手荐』二句：让尸祝手执屠刀，也沾上一身膻腥气，比喻也让我与你同流合污，玷污我的名声。荐：推举。鸾刀：祭祀时用来宰割牲畜的刀。鸾，刀把上的铃。漫：沾污。膻腥（shānxīng）：动物的膻腥气。⑦『吾昔』四句，从前我读书，见书上讲有这样一种既能兼善天下又是耿介孤直的人。并介之人：既能兼善天下又是耿介孤直之人。并，指兼善天下；介，耿介孤直。⑧『性有』二句：生性对有些事不能忍受，实在不能勉强。⑨空语：空说，指下面列举的现象都不存在。同知：大家都知道。达人：通达的人。无所不堪：没有什么是他所不能忍受的。外不殊俗：外表上不异于世俗。殊，异，不同。俗，世俗。而内不失正：内心又不失去正道。『与一世』两句：意思是说与世浮沉而不生悔恨之心。悔吝：悔恨。⑩老子：姓李，名耳，春秋楚国人，道家学派创始人，曾为周柱下史、守藏史。庄周：战国时哲学家，宋国人，曾任漆园吏。老、庄两人曾经担任的职位都很低下。⑪柳下惠：姓展名禽，春秋时鲁国人，居柳下，死后谥惠，故称柳下惠，曾做鲁国士师（狱官）。东方朔：字曼倩，汉武帝时名士，曾为侍郎。两人职位都很卑下。乎：介词，于。短之：小看他们。⑫仲尼：姓孔名丘，字仲尼。兼爱：仁爱无私。『又仲尼』二句：意思是说孔子讲仁爱，不以赶车为羞耻。⑬子文：姓孔名丘，字仲尼。兼爱：仁爱无私。『又仲尼』二句：意思是说孔子讲仁爱，不以赶车为羞耻。⑬子文：春秋时楚人，曾三度任令尹，史称令尹子文，春秋时楚国职位很高的官，相当于北方诸侯国卿相。无欲：不想做。登：升。济物：济世。济，相助。⑭『所谓』二句：意思是说这就是古人所说的，显达时能兼善天下而始终不变其心，穷困时能独善其身而自得无闷。达：显达。不渝：不变。穷：谓仕途闭塞不顺。无闷：无忧虑。⑮君世：做天下人的君主，是统治天下的意思，君，这里是动词。许由：尧在位时的隐士，相传尧想

古文觀止 卷七 六朝文

把天下让给他，他不肯接受就隐居起来。岩栖：隐居山林。子房：张良，字子房，汉高祖刘邦的重要谋士。佐汉：辅佐刘邦建立汉朝。接舆：春秋时楚国的隐士，孔子经楚国，接舆唱着歌走过孔子车旁，讥讽他不识时务，劝他遁世隐居。其揆一也：这句承接上文，指以上这些人的出世或入世，虽然行为不同，但原则是一样的。揆，原则。⑯仰瞻：举目而视，表示尊敬。遂其志：实现他们的心愿。⑰百行：各种行为表现。殊途而同致：殊途同归的意思。『循性』二句：（君子）顺着本性行动，各得其安。附：归附。⑱『故有』二句：见《韩诗外传》：『朝廷之士为禄，故入而不出；山林之士为名，故往而不返。』⑲延陵：春秋时吴国公子，姓延陵，字季札，人称延陵季子。高子臧之风：赞赏子臧的作风。高，赞赏，这里用作动词。子臧，曹国公子，一名欣时，曹宣公死后，诸侯与曹人议立子臧为君，他拒不接受，逃往宋国。公元前559年，吴国要立季札为君，季札便引子臧为例，也辞而不受。长卿：西汉司马相如字。相如：战国赵人蔺相如，因『完璧归赵』立下大功拜上大夫。『志气』二句：意思是说季札和司马相如二人，各自羡慕子臧和蔺相如的节操，因而寄托了自己的志向，这是不能强加改变的。⑳尚子平：东汉人，隐士，懂道术，曾为县功曹，后入山以砍柴为生。台孝威：名佟，东汉时隐士，隐居武安山㉑孤露：嵇康幼年丧父，体格瘦弱。露，瘦弱。母兄见骄：指受到母亲和哥哥的骄凿穴为居，采药为业。纵：涉：接触。㉒复：又。㉓胞：本指胎衣，这里指膀胱。略转：指尿在膀胱中发胀转动。㉔纵逸来久：放纵很久了。『简与洗头。筋驽肉缓：疏懒。疏顽懒惰。筋驽肉缓：因生活慵懒懒筋肉变得迟钝松弛。礼』二句：举止随便与礼法相背，性情疏懒与处事急慢却是相辅相成。简：简略。慢：疏慢，是指举止随便。㑪（chái）类：同辈和朋友。见宽：宽容我。见，代指『嵇康』。攻：责怪。㉕庄、老：指

《庄子》和《老子》两书。重增其放：更加变得放纵。㉖荣进之心：仕进求荣的进取心。颓：衰退。任实之情转笃：任性放纵的情意越发加深。笃，厚。㉗『此犹』三句：好像驯服鹿一样，如果鹿从小被捉来驯育，那就会服从主人的管教和约制。见：这里代指鹿。驯育：驯服养育。教制：管教约制。『长而见羁』六句：如果长大了才来缚它，那它一定会疯狂四顾，挣脱缰绳，甚至赴汤蹈火也不顾，即使套上金笼头，喂它精美的饲料，它反而更想念它所喜爱的丰草茂林。羁：束缚。狂顾：疯狂地四处张望。顿：挣断，挣脱。缨：缰绳。金镳(biāo)：金制的马笼头。飨(xiǎng)：用酒食款待。逾：更加。㉘阮嗣宗：即阮籍。口不论人过：不议论别人的过失。吾每师之：我常常以他为师，学习他这一长处。㉙『至性过人』三句：阮嗣宗天性淳厚超过一般人，无伤害外物之心，只是喝酒过度一些。过差：过度。㉚绳：指责。疾：恨。赖：依靠。大将军：指司马昭，礼法之士何曾在司马昭面前攻击阮籍任性放荡，应把他流放到边地，幸亏司马昭没有听。㉛贤：贤能、长处。慢弛之阙：傲慢散懒的毛病。暗：不懂得。机宜：随机权变。㉜万石：西汉石奋侍奉高祖、文帝、景帝三代皇帝，为人非常谨慎，他和四个儿子都官至二千石，合起来有万石，所以景帝称之为万石君。好尽：喜欢尽情直言。累：缺点。疵衅：过失。兴：产生。『虽欲』二句：虽然想避免灾祸，又怎么能够呢？㉝久与事接：长久与人事接触。㉞人伦：指君臣、父子、夫妇、兄弟、朋友之间的关系。礼：指封建社会中的道德规范。自惟至熟：自己思考得很精详了。惟，思率。不堪者：无法接受之处。㉟卧喜晚起：睡觉喜欢晚起。当关：守门的人。不置：和『不止』意思相同。㊱『抱琴』五句：第二件不能忍受的事，是我喜欢抱着琴漫行低吟在野地里射鸟、钓鱼，但做官以后，出入却有吏卒守着，一点不能随意行动。弋(yì)：射猎。㊲危坐：端正身子坐着。痹(bì)：不得摇：身体麻木无法动弹。痹，本

卷七 六朝文

三二三

指风湿病,这里是麻木的意思。性…身体。把搔无已…用手搔痒不停。章服…绣花纹的官服。㊳素不便书…向来不习写字。素,向来。便,习。堆案盈机…公文堆满桌子。机,同『几』,桌案。酬答…应酬回答。教伤义…触犯礼教。『欲自』两句…想勉强去做,又不能长久。㊴人道…人情世道。『己』句…自己被不愿谅解的人们所怨恨。为…被。见…代指作者自己。恕…宽恕。瞿然…惊恐害怕的样子。化…改变。降心顺俗…抑制自己以顺从世俗我的真情。诡,违背。无咎无誉…既没过错也没赞誉。㊵鸣声聒(guō)耳…声音喧闹噪耳。嚣尘臭处…尘土飞扬,秽臭不堪的地方。『千变』二句…各种各样的花招伎俩,全展现在眼前。『至欲』句…甚至还有借此对我中伤的人。故不情…违背本性而不合机务…官府政务。世故…指世俗人情。繁其虑…耗费精力考虑。繁,多。㊷非…非议。汤…商汤。武…周武王。薄…轻视。周…周公。孔…孔子。不止…指不停止议论(汤武周孔之事)必将会显示出来。会,将会。显,显明,显示。此事会显…这件事(指非难圣人之事)必将会显示出来。会,将会。显,显明,显示。世教…正统礼教。据,伪造汤武周孔的话为口实,嵇康不是汤武,一定会为司马氏所不容。㊸『刚肠』四句…说第二件不可之事,是我性情倔强,憎恨坏人坏事,说话轻率放肆,直言不讳,这种脾气遇事便发。刚肠疾恶…性格刚直憎恨丑事。轻肆直言…轻率放肆,直言不讳。㊹促中小心…心胸狭窄,促,狭窄;中,内心。九患…指上文提到的『七不堪』、『二不可』。外难…外来的灾难。宁…怎么能。㊺饵…食用。术、黄精…都是药名,道士认为多吃可以延长寿命。㊻一行…一经。安…怎么。『夫人之』三句…人的相互了解,贵于认识彼此的天性,然后顺其天性加以帮助。夫…发语词。相知…相互了解。识…认识。天性…天生的本性。济…帮助,成全。㊽『禹不逼』二句…禹不逼迫伯成子高出来做官,是成全他的名节。禹…夏禹。伯成子高…传说中尧

舜时的诸侯，后来他认为禹违背了尧治天下『不赏而民勤，不罚而民畏』的大道，混乱局面自此开始，于是选择归隐不再出山。㊾『仲尼』二句：意思是说孔子不向子夏借伞，是为了掩饰子夏的短处。据说子夏为人吝啬，孔子认为和人相交应该避开短处，推重长处，因此不向子夏借伞。仲尼：即孔子，仲尼是他的字。假：借。盖：雨伞。子夏：姓卜名商，字子夏，孔子弟子。㊿元直：徐庶，字元直。徐庶原与诸葛亮同事刘备，后其母为曹操所获，不得已而归曹操，诸葛亮未加阻留。华子鱼：华歆字子鱼。幼安：管宁字幼安。两人是同学好友，魏文帝黄初时，华歆荐举管宁，管宁不肯做官，举家浮海而去，华歆也不强留。(51)『此可谓』二句：这才可以说是自始至终都是朋友，是真正互相了解对方的人。(52)轮：车轮。桷（jué）：方椽。枉：曲，改变。天才：天然材料，用来比喻人的天然本性。(53)四民：指士、农、工、商。达者：通达的人。通：明了、懂得。『此足下』句：意思是说这本是你所明了的。度内：识度之内。(54)章甫：冠名。越人：古代越地（今浙、闽一带）人，他们有不戴帽子的习俗。文冕：漂亮的帽子，这里指『章甫』。(55)『己嗜』二句：自己嗜好发臭腐烂的东西，就拿死鼠去喂养鸳雏。用来比喻说明不要因为自己喜欢做官，而勉强别人也来做官。臭腐：用来比喻仕途。鸳雏：比喻自己。(56)顷：不久。养生之术：保养身心以延年益寿的方法。方：正。外：排斥。去：摒弃。滋味：美味。寂寞：指淡泊无思虑。无为：即一切顺其自然。(57)『纵无』二句：即使没有这『九患』，尚且不屑一顾你所喜欢的事情。纵：即使。(58)增笃（dǔ）：加重。笃，重。自试：自己考虑。『不能』句：意思是说无法忍受去做自己所不乐意做的事（这里指做官）。(59)卜：卜问，考虑。审：审定。『若道』二句：如果我无路可走，也就算了。『足下』二句：您不要做冤屈我的事，使我陷于死地。无事：不要。冤：冤屈，委屈。转于沟壑：指陷入绝境。(60)『吾新失』二句：我刚刚因为父母哥

古文觀止 卷七 六朝文

哥的离世失去了他们的关爱，心中经常感到凄凉悲伤。⑥恨恨（liàngliàng）：悲伤。如何可言：有什么好说呢。⑥守陋巷：意思是过贫困的生活。陋巷，狭隘破陋的里巷。叙阔：言叙谈离别之情。阔，分开，此谓离别。陈说平生：谈论往事。⑥嬲（niǎo）之不置：纠缠不放。嬲，纠缠，会意字；放，置。为官得人：为官家拉人。时用：为世所用。⑥旧知：指文章开头所说的"昔称吾于颍川"。旧，原先、以前。潦倒粗疏：颓废潦倒、散漫不堪。不切事情：不关心世事。"自惟"句：自己思量在各方面都比不上当今在朝为官的贤能之人。惟：思量。⑥独能离之：唯有我能离弃它。独，独自。"此最近之"二句：这话就最接近我的志趣，可以这么说的。⑥"然使"四句：如果是个才能高、度量大、无所不通的人，而又能不营求仕进，才是可贵呢。长才广度：高才大度。淹：淹通，贯通。营：营求。⑥"若吾多病"四句：像我这种病痛多的人，想要远离世事以求自我保全，度过余下的人生，这是真正缺乏高才大度的人。此：指上面三句说的情况，即指我。所乏：所缺乏广才大度的人。⑥"岂可"句：怎么能见了宦官而称赞其贞节呢？黄门：宦官。称贞：称赞其贞节。宦官有生理缺陷而不能近妇人，但不是贞节。⑥趣（cù）：通"趋"，催促。王途：仕途。期于相致：希望能招致我。相，指代性副词，代我。期，希望；致，招致。时为欢益：时时共得欢乐补益。重怨：深重的仇怨。⑦野人：山野之人，这里指农夫。炙背：在阳光下晒背。芹子：即芹菜。至尊：指帝王。区区之意：诚恳的情意。疏：粗疏。据说有个孤陋寡闻的农夫，认为在春天的阳光下晒背是件乐事，于是想把这个献给君王，希望得到奖赏，后来乡里人告诉他说，过去有人认为水芹味道真美，向富豪称道，结果受到大家的嘲笑。⑦"其意"三句：我的意思就是这样，既是为了摆脱足下对我的纠缠，也是用来告别的。别：表示绝交的意思。⑦白：告语。"嵇康白"和句首"康白"照应，构成完整的古时写书信的格式，文章

在结构上也显得完美。

陈情表① 李密

作者简介

李密（224~287），字令伯，名虔，武阳（今四川彭山）人。幼年父亡母改嫁，由祖母刘氏抚养成人，后李密对祖母孝敬甚笃而名扬乡里。师事有名学者谯周，博览五经，尤长《春秋左氏传》。为人刚直，有文名和辩才，曾任蜀尚书郎。晋武帝司马炎灭蜀后，征召起用为太子洗马，"诏书峻切"，"催臣上道"，"州司临门，急于星火"。他以祖母年老多病为由，推辞不就。祖母去世尽丧礼，方出任太子洗马，后迁汉中太守，因赋诗得罪武帝而免官，卒于家中。

原文

臣密言：②臣以险衅，夙遭闵凶。③生孩六月，慈父见背。④行年四岁，舅夺母志，祖母刘，愍臣孤弱，躬亲抚养。⑤臣少多疾病，九岁不行，零丁孤苦，至于成立。⑥既无伯叔，终鲜兄弟。⑦门衰祚薄，晚有儿息。⑧外无期功强近之亲，内无应门五尺之僮。⑨茕茕独立，形影相吊。⑩而刘夙婴疾病，常在床蓐。⑪臣侍汤药，未曾废离。⑫逮奉圣朝，沐浴清化。⑬前太守臣逵，察臣孝廉。后刺史臣荣，举臣秀才。⑮臣以供养无主，辞不赴命。⑯诏书特下，拜臣郎中，寻蒙国恩，除臣洗马。⑰猥以微贱，当侍东宫，非臣陨首所能上报。⑱臣具以表

古文觀止 卷七 六朝文

闻，辞不就职。⑲诏书切峻，责臣逋慢，郡县逼迫，催臣上道。⑳州司临门，急于星火。㉑臣欲奉诏奔驰，则以刘病日笃，欲苟顺私情，则告诉不许。㉒臣之进退，实为狼狈。㉓

伏惟圣朝以孝治天下，凡在故老，犹蒙矜育，况臣孤苦，特为尤甚。㉔且臣少事伪朝，历职郎署，本图宦达，不矜名节。㉕今臣亡国贱俘，至微至陋，过蒙拔擢，宠命优渥，岂敢盘桓，有所希冀？㉖但以刘日薄西山，气息奄奄，人命危浅，朝不虑夕。㉗臣无祖母，无以至今日，祖母无臣，无以终余年。㉘母孙二人，更相为命，是以区区不能废远。㉙臣密今年四十有四，祖母刘今年九十有六，是臣尽节于陛下之日长，报刘之日短也。㉚乌鸟私情，愿乞终养。㉛

臣之辛苦，非独蜀之人士及二州牧伯所见明知，皇天后土，实所共鉴。㉜愿陛下矜愍愚诚，听臣微志。㉝庶刘侥幸保卒馀年，臣生当陨首，死当结草。㉞臣不胜犬马怖惧之情，谨拜表以闻。㉟

选自《文选》卷三十七

注释

①表：古代的一种文体，属于奏议类，是臣民对君王有所陈请的一种上行文书。本文是李密不肯应晋武帝征召，写给晋武帝的一封信，所以称作『陈情表』。②臣密言：意思是『臣李密说』，这是古时作表章的一般格式。③以：因为。险衅（xìn）：指命运坎坷，罪过很大。险，坎坷；衅，罪过。夙：早，幼年。闵：通『悯』，忧患。凶：指不幸的事情。④见背：背我而去，这里是死的委婉说法。见，指代我。⑤夺母志：指强行改变母亲守节之志，即强迫母亲改嫁。愍（mǐn）：怜悯。躬亲：亲自。⑥不行：走不了路。⑦鲜（xiǎn）：少，这里是没有的意思。⑧门衰：门第衰微。祚（zuò）：福。息：子。⑨外：指成人自立。

三二八

自己一房之外的亲族。期(jī)、功：都是古代丧服名称，古代以亲属关系的远近制定丧服的轻重。期，穿一周年孝服的人；功，穿大功服（九个月）、小功服（五个月）的亲族，这些都是比较近的同族人。强近：勉强算得接近的。应门：指为客人开门的人。僮(tóng)：童仆。⑩茕(qióng)茕：孤单的样子。吊：慰问。⑪夙婴疾病：很早就为疾病缠身。婴，缠绕。蓐(rù)：草垫子，此指寝褥。⑫废离：不侍奉而离开。⑬逮(dài)：及至，等到。奉：侍奉。圣朝：对晋朝的敬称。沐浴：这里是沉浸的意思，洗头为沐，洗澡为浴。⑭太守：郡的长官。荐：益州刺史的名。察：考察和推举。秀才：优秀人才，也是由地方推举。⑮刺史：指益州刺史，在晋代，刺史是每个州负责监察、军事及行政的长官。荣：益州刺史的名。辞：辞谢。赴命：前往应命。廉：当时推举人才的一个科目，举孝廉者往往被任为郎。『孝』指孝敬父母，『廉』指行为廉洁端正。⑯以：因为。无主：没有侍奉的人，即没有料理的人。辞：辞谢。赴命：前往应命。⑰诏书：皇帝命令的公文。拜：授官。郎中：官名，在晋代为尚书曹司的长官。寻：不久。蒙：蒙受，承蒙。除：也是授官的意思，除去旧官任职新官。洗(xiǎn)马：即太子洗马，辅佐太子的官，掌图籍、祭典。⑱猥(wěi)：鄙，谦词。以：根据。东宫：指太子，因太子住的宫殿叫东宫。陨首：掉头。陨，坠。这句话的意思是，拿我这卑微的身份，竟然让我担任侍奉太子的职务，即使是掉头我也报答不了皇上给的恩德。⑲具：准备。以：用。闻：让皇上知道。⑳切峻：急切，严峻。逮(bū)慢：怠慢的意思，这里指无视命令，故意逃避。逋，逃避。慢，轻慢。㉑州司：等于说州官衙门。㉒奔驰：为皇帝奔走效劳。日笃：一天天加重。苟顺：苟且曲从。私情：指终养祖母的心情。告诉：报告、申诉。㉓狼狈：指进退两难。狈，一种前腿很短的狼类动物，走路时常把前腿架在狼身上。㉔伏惟：伏在地上想，下级对上

双钩竹图 宋·李衎

此图画竹，前后左右交错，枝叶繁茂。竹叶以墨色细加渲染，表现出阴阳向背。湖石团浓淡墨晕出，玲珑多姿。构图匀称，笔法圆劲精整，设色淡雅。画家通过碎石、枯枝等周围景物的描写，更加烘托出竹子『清高拔俗』的品格。

级表示恭敬的用语，奏疏和书信常用。故老：旧臣，遗老，指晋统一前吴、蜀两国的旧臣。矜（jīn）育：怜悯抚育。㉕伪朝：对蜀汉的称呼。作者对晋提起蜀的说法。历职郎署：一直升迁到郎官的衙署里做官，李密在蜀国曾任尚书郎。宦达：仕途显达。矜：自我夸耀。李密说这句话是怕晋武帝怀疑自己不奉诏应命是以名节自夸。㉖过：过分地。拔擢（zhuó）：提拔。宠命：指皇帝的恩命。优渥（wò）：优厚。岂：哪里。盘桓：徘徊，犹豫不决，这里指故意不去做官。希冀：更高的期望。㉗但：只，只是。薄：迫近。奄（yǎn）奄：气息短促将要死亡的样子。浅：时间不久。没有办法用来。终馀年：平安度过剩下的日子。终，结束。㉘无以：为命：指祖孙二人相依为命。是以：即『以是』，因此。区区：拳拳，这里指区区之心，即孝顺祖母的私衷。废远：舍弃奉养，远离祖母。㉚有（yòu）：即又。陛下：对皇帝的尊称。尽忠心。㉛乌鸟私情：乌鸦反哺之情，用来比喻人的孝心，据说乌鸦能反哺其亲。愿乞终养：意思是希望求得机会能把祖母奉养到最后。㉜辛苦：辛酸苦处，主要指苦处。二州：指梁州、益州。梁、益二州大致相当于蜀汉所统治的范围。

江水

郦道元

作者简介

郦道元（约470~527），字善长，范阳涿县（今河北涿州）人，北朝北魏地理学家、散文家。仕途坎坷，终未能尽其才。官尚书主客郎、御史中尉等职，后因逸言所害出任关右大使。时雍州刺史萧宝夤谋反，疑道元奉使袭己，遣将围捕，将其杀害。生性好学，博览奇书，撰《水经注》四十卷。《水经》是一部记载我国水道的地理书，旧传汉桑钦所作，经考证，约三国人所撰。原书非常简略，作者广泛收集了全国水道著作，加之自己游历各地山川见闻，遂对《水经》作了大量的补充修订，引书达四百多种，资料超过原书二十倍，是为《水经注》。作者用因水记山、因地记事的方法，叙述了所记各水道两岸的地理古迹、历史传说、神话故事和风俗民情，同时对各地秀丽的山川景物作了生动的描绘，文笔隽永，对后世游

牧伯：即刺史。古时一州的长官称为牧，又称方伯，所以后代以牧伯称刺史，这里指太守邈。所见明知：所看的、所明明白白知道的。皇天后土，苍天大地，指天地神灵。鉴：本意是镜子，这里指看得清楚。㉝矜愍：怜悯、怜惜。愚诚：愚拙的诚心。这里指孝心。听：听任，听从。微志：小小的心愿。㉞庶几，或许。保卒余年：平安地度过晚年。生当陨首：即活着的时候将不惜牺牲性命报效国家。㉟不胜犬马怖惧之情：臣子对皇上谦卑的话，套话，意思是说我怀着像犬马一样非常害怕的心情。不胜，无法承受。谨：恭敬地。拜：奉上。表：即《陈情表》。闻：让你知道。

古文观止 卷七 六朝文

记文学影响很大。

原文

巫山①

江水历峡，东，径新崩滩。②此山汉和帝永元十二年崩，晋太元二年又崩。③当崩之日，水逆流百余里，涌起数十丈。今滩上有石，或圆如箪，或方似笥，若此者甚众，皆崩崖所陨，致怒湍流，故谓之新崩滩。④其颓岩所余，比之诸岭，尚为竦桀。⑤其下十余里，有大巫山，非惟三峡所无，乃当抗峰岷峨，偕岭衡疑。⑥其翼附群山，并概青云，更就霄汉辨其优劣耳！⑦神孟涂所处。⑧《山海经》曰：「夏后启之臣孟涂，是司神于巴，巴人讼于孟涂之所，其衣有血者执之，是请生，居山上，在丹山西。」⑨郭景纯云：「丹山在丹阳，属巴。」⑩丹山西即巫山者也。

又帝女居焉。⑪宋玉所谓：「天帝之季女，名曰瑶姬，未行而亡，封于巫山之阳。⑫精魂为草，寔为灵芝。⑬」所谓：「巫山之女，高唐之阻，旦为行云，暮为行雨，朝朝暮暮，阳台之下。」⑭旦早视之，果如其言。⑮故为立庙，号朝云焉。⑯」其间首尾百六十里，谓之巫峡，盖因山为名也。⑰

三峡

自三峡七百里中，两岸连山，略无阙处。⑱重岩叠嶂，隐天蔽日；自非亭午夜分，不见曦月。⑲至于夏水襄陵，沿溯阻绝；⑳或王命急宣，有时朝发白帝，暮到江陵，其间千二百里，虽乘奔御风，不以疾也。㉑春冬之时，则素湍绿潭，回清倒影；㉒绝巘多生怪柏，悬泉瀑布，飞漱其间；㉓清荣峻茂，良多趣味。㉔每至晴初霜旦，林寒涧肃；常有高猿长啸，属引凄异，空谷传响，哀转久绝。㉕故渔者歌曰：「巴东三峡巫峡长，猿

鸣三声泪沾裳!"⑳

选自《水经注·江水》

注释

①巫山：山名，在今重庆、湖北两省市交界处，因山势曲折，形如"巫"字而得名。②东：向东流。径：经过。新崩滩：在今湖北巴东西、重庆巫山县东。滩，水浅多石而水流急的地方。③此山：指巫山。永元，东汉和帝（刘肇）的年号。永元十二年：公元100年。太元：东晋孝武帝（司马曜）的年号。④箪（dān）：古代用来盛饭的圆形竹器。筲（sī）：一种用来盛饭菜或放衣物的竹器。陨（yǔn）：陨落、坠落。致怒湍（tuān）流：以致于使激流水势汹涌。怒，使……怒，这里指水势汹汹。湍流，流速很快很急的水。⑤"其颓"三句：那坍塌的山崖剩下的部分，比起其他各个山岭，还算是高耸突出的。颓（tuí）：倾颓、坍塌。岩：高峻的山崖。竦（sǒng）竦：高耸的样子。竦，通"耸"，耸立。竦，突出。⑥非惟：不只是。三峡：在今湖北、重庆之间，瞿塘峡、巫峡、西陵峡的总称。⑦"乃当"五句：意思是说大巫山是三峡的最高峰，应当与岷、峨、衡、巅四大名山相比，并进一步声称大巫山还敢与天上银河比个高低。乃当：而是应当。抗峰岷峨：同岷山、峨眉山争高低。抗峰，比山的高低。岷，岷山，在四川松潘北。峨，峨眉山，在四川峨眉山市西南。偕岭衡疑：同衡山、九嶷山相并列。偕岭，指山岭同样高。偕，用作动词，共同，比并。衡，指南岳衡山。疑，现今的九嶷山，在湖南宁远。其翼附群山：大巫山遮护统领周围各个山峰。翼，翅膀，这里是遮护的意思。附，使……依附，这里是统领的意思。并概青云：高度和云相平。概，和"并"的意义相同，都是平列的意思。"更就"句：还要到天上和银河比一下高低呢。就：到……去。霄：云霄，指天上。汉：河汉，指银河。优

卷七 六朝文

三三三

古文觀止 卷七 六朝文

劣……高低。耳……句末语气词，表感叹。⑧神孟涂所处……（大巫山）是神人孟涂住的地方。⑨《山海经》……先秦重要古籍，是我国最古老的一部地理书，书中记述了古传说中的山川、地理、部落、物产等，还保存了很多远古的神话人物与故事传说。夏后启……夏朝的君主启。后，君主。是……代指孟涂。司神于巴……在巴地主管神灵之事。司，管理。巴，古地名，在今四川东部，并包括今重庆、湖北秭归以西地区，周时为巴国，秦代设置巴郡。讼（sòng）……诉讼。执……逮捕。『其衣』句……意思是说屈的人衣服上有血，于是就把他抓起来了。是……指被抓的巴人。请生……意思是说赦免他，让他住在巫山上。⑩郭景纯……郭璞，字景纯，晋代人，给《山海经》作过注。丹阳……古代地名，在今湖北秭归。这句应该是郭璞给《山海经》作的注，本不是原文，后篡入今本正文。⑪帝……天帝，上帝。居焉……住在那里。焉，兼词，于此，此指丹山西。山。⑫宋玉……战国后期楚国文学家。季女……最小的女儿。未行……还没有出嫁。封……埋葬。阳……山的南面被称作『阳』。⑬精魂为草……灵魂化为草。寔（shí）……通『是』，这。为……是。灵芝。⑭高唐……战国时楚国的台馆名，在云梦泽中。阻……险阻、险要。阳台……山名，在巫山县境内。『巫山』二句，是说神女瑶姬与楚怀王相遇后离去时，称自己住在巫山很险要的地方。『旦为』四句，是说神女自叙自己行踪变幻不定，早上变为朝云，晚上变为雨雾。⑮旦早……第二天早上。旦，第二天，与前一个『旦』字意思不同。⑯为立庙……意思是说怀王为神女立了庙，为之立庙，之字省略，代指神女。号朝云……起名叫朝云。盖，语气词，表推测。⑰巫峡……长江穿流巫山往东而去，巫峡因此形成。盖因山为名……大概是因为巫山而得的名。盖，语气词，表推测。⑱自……这里是『在』的意思。七百里……是约数。略无……一点也没有。阙……通『缺』，空缺。⑲重岩叠嶂……层层叠叠的高山险峰。自非……除非。亭午……正午。夜分……半夜。曦……日光。⑳襄陵……指洪水漫上山陵。襄，上，漫上、溢上。

古文觀止 卷七 六朝文

沿：顺流而下。溯：逆流而上。沿溯阻绝：意思是说顺流而下和逆流而上的船都被阻绝了。㉑或：有时，和下句『有时』意思相同。王命急宣：朝廷命令紧急传达。白帝：白帝城，相传是刘备托孤的地方。江陵：今属湖北。千二百里：现在测算，约350公里。乘奔：骑着快马。奔，奔马。御风：驾风。不以疾：比不上行船迅速。不以，不如，比不上。㉒素湍：雪白的急流。回清倒影：回映着清光，倒映着山影。㉓绝巘（yǎn）：极高的山峰。巘，山峰。飞漱：飞流冲荡。㉔清荣峻茂：指水清、树荣、山高、草茂。良：甚，非常。㉕晴初：大雨过后刚刚放晴。霜旦：霜降的早晨，指秋天。林寒：山林中气候寒冷。涧肃：山沟里一种肃杀之气。高猿长啸：高山上的猿猴拉长声音呼叫。啸，兽类拉长声音叫。属（zhǔ）引：连续不断，这里指猿声。属，接连。凄异：异常凄凉。㉖渔者：打鱼的人。巴东：东汉郡名，治所在今重庆东奉节一带。

兰亭集序

王羲之

作者简介

王羲之（321～379），字逸少，号澹斋，汉族，祖籍琅邪临沂（今山东临沂市）人，南迁后居住会稽山阴（今浙江绍兴市）。历任秘书郎、长史、江州刺史，后为会稽内史，升任右军将军，人称『王右军』、『王会稽』。晚年称病去官，放情山水。东晋升平五年卒，葬于金庭瀑布山（又称紫藤山）。他的诗文清朗俊逸，《兰亭集序》是其代表作。其子王献之也是著名的书法家，世人合称为『二王』；《兰亭集序》一文亦由作者行书书写，笔势矫若游龙惊凤，历来被视为书苑珍品，文章也因其墨迹而更加光照千古。

古文观止

卷七 六朝文

原文

永和九年，岁在癸丑，暮春之初，会于会稽山阴之兰亭，修禊事也。①群贤毕至，少长咸集。②此地有崇山峻岭，茂林修竹；又有清流激湍，映带左右。③引以为流觞曲水，列坐其次。④虽无丝竹管弦之盛，一觞一咏，亦足以畅叙幽情。⑤是日也，天朗气清，惠风和畅。⑥仰观宇宙之大，俯察品类之盛，所以游目骋怀，足以极视听之娱，信可乐也。⑦

夫人之相与，俯仰一世。⑧或取诸怀抱，晤言一室之内；或因寄所托，放浪形骸之外。⑨虽取舍万殊，静躁不同，当其欣于所遇，暂得于己，快然自足，曾不知老之将至；及其所之既倦，情随事迁，感慨系之矣。⑪向之所欣，俯仰之间，已为陈迹，犹不能不以之兴怀；⑫况修短随化，终期于尽。古人云：'死生亦大矣。'⑭岂不痛哉！⑮

每览昔人兴感之由，若合一契，未尝不临文嗟悼，不能喻之于怀。⑯固知一死生为虚诞，齐彭殇为妄作。⑰后之视今，亦由今之视昔，悲夫！⑱故列叙时人，录其所述。⑲虽世殊事异，所以兴怀，其致一也。⑳后之览者，亦将有感于斯文。㉑

选自《晋书·王羲之传》

注释

①永和：东晋穆帝司马聃（345~356）年号。癸丑：古人以天干地支相配纪年，永和九年就是癸丑年。暮春：春季的最后一个月，指阴历三月。会（kuài）稽：东晋郡名，辖地今浙江北部及江苏东南部。山阴：山阴县，今浙江绍兴。兰亭：在绍兴西南兰渚山。修禊（xì）：古人在阴历二月上旬的巳日（魏以后改为三月初三日）为

① 修禊日：届时人们到水边举行祈福消灾的仪式，是古代的一种风俗。修禊事也：是为了做修禊这件事。② 群贤：众多贤人，即指孙绰、谢安、支遁等人。少长：年长的如谢安、王羲之等人，年幼的如王凝之、王献之等。咸：都。③ 修竹：修长的竹子。修，长。激湍（tuān）：流势很急的水。映带：围绕。④ 引以为流觞曲水：引清流激湍作为流觞的曲水。觞，酒杯。流觞，把盛酒的杯从水的上游放出，循流而下，流到某人面前，某人便取而饮之。曲水，引水环曲为渠，以流酒杯。⑤ 丝竹管弦：都是古代乐器，这里指乐器伴奏。箫、笛用竹制作而成，属管类；琴瑟的弦用丝制作而成，属弦类。盛：多，这里指热闹。一觞一咏：喝酒一杯，赋诗一首。幽情：幽深的感情。⑥ 惠风：和风。⑦ 品类之盛：万物的繁盛。盛，多。所以游目骋怀：可以用来纵展目力观察事物，开畅胸怀欣赏风景。所以，这里是用来的意思。极视听之娱：尽情地享受看和听的乐趣。极，尽情享受。信可乐也：实在是可以让人快乐的呀。信，实在。⑧ 夫：用来引发议论的句首语气词。相与（yǔ）：相处。俯仰：低头抬头，比喻时间短促。诸，之于，兼的人，下文『或』字意义相同。取诸怀抱：就着自己所爱好的事物寄托自己的身心。因，凭着、就着。所托，所寄托的事物，即所爱好的事物。⑨ 或……或……：有的人，晤言，面对面谈论。因寄所托：就着自己所爱好的事物寄托自己的身心。晤言一室之内：在室内，畅谈抒发自己的胸怀抱负。⑩ 万殊：千差万别。殊，不同。静躁：安静与躁动。静，指晤言一室之内的这类人。躁，指放浪形骸之外的另一种人。放浪形骸之外：放纵不羁地过日子。放浪，放纵无所羁绊。『放』、『浪』意思相近，形骸，形体、身体。⑪ 欣于所遇：对于自己遇到的人或事物感到欣喜高兴。欣，欣喜。暂得于己：自己暂时得到了。曾，竟然。⑪ 所之既倦：所得到的事物已经厌倦。『所之』与『所遇』意义相同，指所得到的。之，动词。系：附着，随着。⑫ 向：从前。陈迹：旧迹。以之兴怀：因此而产生某种情怀。以，因。之，指『向之所

古文觀止

卷七 六朝文

三三七

卷七 六朝文

欣，俯仰之间，已为陈迹」：兴，引起。⑬修短随化：寿命长短，只能听凭自然造化来决定。修，长。化，造化，古人认为，寿夭上天有定数。终期于尽，最后归结为消灭。期，至。尽，消灭。⑭死生亦大矣：人这一生也是件大事。死生，偏义复词，重点是「生」。⑮岂不痛哉：难道不痛心吗，是对前文人生短暂的感叹。⑯兴感之由：对生死之事产生感叹的原因。若合一契：好像合起符契一样，意思是说古代和今天都一样。临文嗟悼：看着文章，哀怨叹息。临，由上往下看，这里指看。不能喻之于怀：不能从心里理解它。喻，晓，懂得。之，指代古人对死生发生感叹的那些文章。⑰固知一死生为虚诞：我这才知道，认为生和死一样那是虚妄荒诞。固，犹乃，有「于是」之意。「一」，认为……一样。齐彭殇为妄作：把长寿和短命等同起来看待那是妄造、胡说。齐，以……为齐，即看作等量的意思。彭，彭祖，相传活了八百多岁，被看作长寿的象征。⑱后之视今，亦由之视昔：后来的人看今人，也正像现在的人看古人。由，犹，好像。悲夫：可悲啊！夫，感叹词。⑲列叙时人：一个一个地记下当时与会的人。录其所述：记录下他们所作的诗。⑳所以：「……的原因」，固定结构。其致一也：古人和今人的情趣是一样的。致，情趣。㉑斯：代指《兰亭集序》这篇文章。

归去来辞①

陶渊明

作者简介

陶渊明（365～427），名潜，字渊明，号「五柳先生」，私谥靖节，世称靖节先生，东晋浔阳（今江西九江西南）人。出身贫寒，曾经做过几任小官，后来因不满当时政治，向往田园生活，毅然辞官归田，长期

在乡村过着躬耕的隐居生活。他的诗文意境淡雅，语言质朴，具有独特风格，是我国古代田园诗的创始者与奠基人。陶渊明也是古代散文的杰出作家。著有《靖节先生集》。

原文

归去来兮，田园将芜，胡不归！②既自以心为形役，奚惆怅而独悲？③悟已往之不谏，知来者之可追。④实迷途其未远，觉今是而昨非。⑤舟遥遥以轻飏，风飘飘而吹衣。问征夫以前路，恨晨光之熹微。⑥乃瞻衡宇，载欣载奔。⑦僮仆欢迎，稚子候门。⑧三径就荒，松菊犹存。⑨携幼入室，有酒盈樽。⑩引壶觞以自酌，眄庭柯以怡颜。⑪倚南窗以寄傲，审容膝之易安。⑫园日涉以成趣，门虽设而常关。⑬策扶老以流憩，时矫首而遐观。⑭云无心以出岫，鸟倦飞而知还。⑮景翳翳以将入，抚孤松而盘桓。⑯

归去来兮，请息交以绝游。⑰世与我而相违，复驾言兮焉求？⑱悦亲戚之情话，乐琴书以消忧。⑲农人告余以春及，将有事于西畴。⑳或命巾车，或棹孤舟。㉑既窈窕以寻壑，亦崎岖而经丘。㉒木欣欣以向荣，泉涓涓而始流。㉓善万物之得时，感吾生之行休！㉔

已矣乎！㉕寓形宇内复几时，曷不委心任去留？㉖胡为遑遑欲何之？㉗富贵非吾愿，帝乡不可期。㉘怀良辰以孤往，或植杖而耘耔。㉙登东皋以舒啸，临清流而赋诗。㉚聊乘化以归尽，乐夫天命复奚疑？㉛

选自影印宋本《笺注陶渊明集》

注释

① 辞：文体的一种，为抒情赋体，一般要押韵，多用四、六与对偶句，有的还可吟唱。题目一作《归

古文觀止 卷七 六朝文

①《去来兮辞》。②来兮：语气词连用，表强烈的语气，可译作『吧』。芜：荒芜。胡：何，为什么。③以心为形役：让心为形体所役使。心，心愿。形，身体。为，被。意思是说被生活所迫，违背本意出来做了官。奚惆怅：为什么忧愁失落。④已往：过去的事情。谏：改正。来者：以后的事情。追：挽回，补救。⑤迷途：作者把自己曾经出任小官比喻成误入迷途。⑥扬：小船慢慢前行的样子。⑦征夫：路人。熹（xī）微：微明，天还没有完全亮。⑧瞻：向远处眺望。衡宇：用横木做门的房屋，这里指简陋的住处。载欣载奔：一边高兴，一边奔走。载，连词，且。『载……载』，『一边……一边』。⑨稚子：幼儿。⑩三径就荒：院子里的小路快要为荒草埋没。三径，院里的小路。汉代隐士蒋诩闭门不出，只在门前开辟三条小路与友人往来。就，将要。⑪盈樽：满杯。樽，用来盛酒的器具。⑫觞（shāng）：酒杯。⑬眄（miǎn）：斜视，这里指随意看。柯：树枝。以：连词，而。怡颜：脸上露出喜悦的神情。颜，脸色。⑭寄傲：寄托傲然自得的心情。审：仔细察看。容膝：只能容下双膝，用来比喻房屋的极其狭小。⑮策：扶老，拐杖。以：连词，而。流憩（qì）：四处随意走走停停。矫（jiǎo）首：抬头。矫，举。遐（xiá）观：向远处张望。⑯出岫（xiù）：从山里浮出。岫，山穴，这里泛指山峰。⑰景（yǐng）：日光渐暗，太阳马上就要下山。景，后来写作『影』。翳翳，阴暗的样子。盘桓：徘徊很久，舍不得离去。⑱请息交以绝游：让我同官场的人断绝交游。『息』、『绝』意思相同，『交』『游』意思相同。⑲复驾言兮焉求：还要驾车出去求什么。复，副词，又。又要：驾言，驾车。焉求，求什么。⑳情话：知心话。琴书以消忧：意思是说读书弹琴来消解忧愁。㉑有事：指耕种的农事。

古文觀止 卷七 六朝文

五柳先生傳
陶淵明

原文

先生不知何許人也，亦不詳其姓字。宅邊有五柳樹，因以為號焉。①闲静少言，不慕榮利。好讀書，不求甚解，每有會意，便欣然忘食。②性嗜酒，家貧不能常得。親舊知其如此，或置酒而招之。③造飲輒盡，期在必醉，既醉而退，曾不吝情去留。④環堵蕭然，不蔽風日，短褐穿結，簞瓢屢空，晏如也。⑤常著文章自娛，頗示己志。⑥忘懷得失，以此自終。⑦

贊曰：⑧黔婁之妻有言：⑨『不戚戚於貧賤，不汲汲於富貴。』⑩其言兹若人之儔乎？⑪銜觴賦詩，以樂其

志……乐天安命。复奚疑……还有什么需要犹疑的呢。奚，何，什么。

畴（chóu）……田地。㉒巾车……有车帷的小车。棹（zhào）……船桨，用作动词，指划。㉓窈窕（yǎotiǎo）……曲折幽深。寻壑……探寻山谷。崎岖……高低不平的样子。㉔欣欣……充满生机的样子。荣……繁荣、繁茂。㉕善……羡慕。行休……马上就要走到尽头。㉖已矣乎……算了吧。已，停止；矣乎，语气词连用。㉗寓形……寄身。宇内……天地间。曷……何。委心……随心。任去留……任其自然地生或死。㉘胡为……何为，为什么。遑遑……匆忙不安的样子。何之……要去往什么地方。之，去往。㉙帝乡……天帝居住的地方，指仙境。期……到达。㉚怀着……或……有时。植杖……把杖插在地上。耘耔（zǐ）……锄草培苗。㉛皋（gāo）……高冈。舒啸……放声高歌。啸，高歌。㉜聊……姑且。乘化……跟随自然万物的变化。归尽……度到人生的尽头。乐夫天

古文觀止 卷七 六朝文

选自《靖节先生集》

志。⑫无怀氏之民欤？葛天氏之民欤？⑬

注释

①何许人：何处人、哪里人。②因以为号：因此就把『五柳』当作自己的号了。『以』字后省代词『之』。③不求甚解：意思是说只求领会主旨大意，不对具体字句有严格要求。会有意：心得体会。④置酒：准备好酒。招之：打招呼邀请他去。招，打手势让人来，这里是相邀的意思。⑤造饮辄（zhé）尽：到亲戚朋友那里去喝酒，总是把酒喝光。造，至，到。辄，总是。期：期望。吝（lìn）情：意思是舍不得去留：偏义复词，指去，离开。⑥环堵萧然：四壁空空。萧然，空荡萧条的样子。箪（dān）：盛食物的竹制器。短褐：粗布短衣。褐，粗布衣服。穿结：指衣服非常破烂。穿，破洞。结，补缀连结，即补丁。⑦颇（pō）：很。⑧忘怀得失：忘却世间得失，意思是不在意得失。⑨赞：史传体文章的一种格式，即作者会在文章后面对所记人物进行评论，称之为『赞』。这篇文章是仿史传体写的，前一部分是五柳先生的传记，最后一段是作者对五柳先生的赞词，其实也是陶渊明的自我评价。⑩黔娄之妻：黔娄，春秋时鲁国人，生活清贫，但拒绝出仕任职，多次辞去诸侯的聘请。死后曾子去吊丧，问其妻：『何以为谥』，其妻说谥『康』。曾子认为黔娄在世时没有过上好日子，死后也没有很荣耀，不能谥『康』。其妻说：『彼先生者，甘天下之淡味，安天下之卑位，不戚戚于贫贱，不忻忻于富贵，求仁而得仁，求义而得义，其谥为「康」，不亦宜乎？』（见刘向《列女传》）。戚戚：忧戚焦虑的样子。汲汲：迫切追求的样子。⑪『其言』句：黔娄妻所说的，五柳先生大约就是黔娄一类的人吧。其言：黔娄妻说的话。

桃花源记

陶渊明

原文

晋太元中，武陵人捕鱼为业。①缘溪行，忘路之远近。②忽逢桃花林，夹岸数百步，中无杂树，芳草鲜美，落英缤纷。③渔人甚异之。④复前行，欲穷其林。⑤林尽水源，便得一山。⑥山有小口，仿佛若有光。便舍船，从口入。⑦初极狭，才通人，复行数十步，豁然开朗。⑧土地平旷，屋舍俨然，有良田、美池、桑竹之属。⑨阡陌交通，鸡犬相闻。⑩其中往来种作，男女衣著，悉如外人；⑪黄发垂髫，并怡然自乐。⑫见渔人，乃大惊，问所从来，具答之。⑬便要还家，设酒杀鸡作食。⑭村中闻有此人，咸来问讯。⑮自云先世避秦时乱，率妻子邑人来此绝境，不复出焉，遂与外人间隔。⑯问今是何世，乃不知有汉，无论魏、晋。⑰此人一一为具言所闻，皆叹惋。⑱馀人各复延至其家，皆出酒食。⑲停数日，辞去。此中人语云：「不足为外人道也。」⑳既出，得其船，便扶向路，处处志之。㉑及郡下，诣太守，说如此。㉒太守即遣人随其往，寻向所志，遂迷，不复得路。㉓

若人：此人，指五柳先生。侪：同一类人。⑫衔觞：喝酒。觞，酒杯。⑬无怀氏、葛天氏：都是传说中的上古帝王。最后二句是说，五柳先生像是生活在远古社会中极其淳厚古朴的人。

古文觀止 卷七 六朝文

南阳刘子骥^㉔，高尚士也。闻之，欣然规往。^㉕未果，寻病终。^㉖后遂无问津者。^㉗

选自《靖节先生集》

注释

① 太元：晋孝武帝（司马曜）年号。武陵：今湖南常德，西有桃源县。② 缘：沿着。③ 落英：落花。缤纷：纷繁，茂盛。④ 异之：认为桃花林的景象不一般。异，认为……不同。⑤ 穷：穷尽，走到了尽头。⑥ 林尽水源：桃花林的尽头正是溪水的源头。得：发现。⑦ 舍：离开（船）。⑧ 豁然：大开的样子。⑨ 俨然：本指人非常矜持的样子，这里指整齐。属：类。⑩ 阡陌：田间的小道。南北方向称作阡，东西方向称作陌。⑪ 衣著：即衣着，穿戴，包括衣裤袜鞋帽子等。⑫ 黄发垂髫（tiáo）：指老人小孩。黄发，老人发白转黄是长寿的象征，因此用黄发来代指老人。垂髫，指儿童，小儿长发为饰称作髫。⑬ 问所从来：问渔人从哪里来。所从来，指来的地方。具：全，全部。⑭ 要（yāo）：邀，邀请。⑮ 咸：都。⑯ 讯：消息。⑰ 乃：竟，竟然。⑱ 一一：逐一。为：后省代词『之』，『之』代桃花源中人。⑲ 延：引导，邀请。⑳ 此中人：桃花源中人。㉑ 便扶向路：渔人沿着原路回去。扶，沿着，向路，原来的路。向，原来。㉒ 及：到。郡下：郡治所在地，即武陵。诣（yì）：去，前往。㉓ 寻向所至：寻找他原来走过的地方。向，原来。㉔ 刘子骥：名之。《晋书·隐逸传》说他热衷于游历山川，蔑视权贵，拒绝出仕，是著名的隐士。㉕ 规往：计划前往。规，计划。㉖ 未果：没有实现。寻：不久，没过多久。㉗ 无问津者：没有访寻桃花源的人了。问津，原本是指询问渡口，这里是访求的意思。